KB269359

최종찬의
新국가개조론

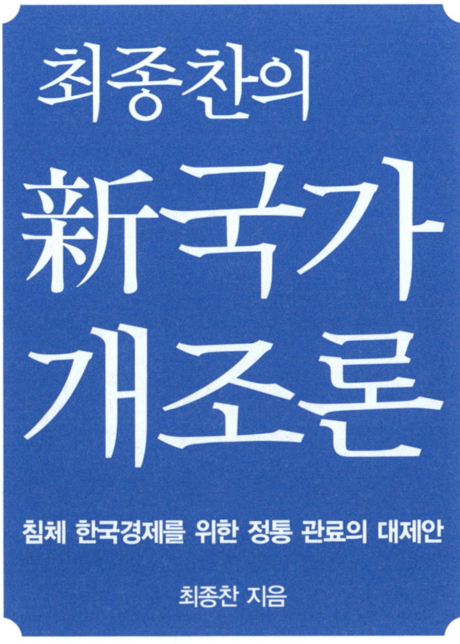

매일경제신문사

필자는 대학 졸업 후 30여 년 동안 경제부처에서 공무원으로 일했다. 1971년 12월 대학교 4학년 때 전매청 수습사무관으로 시작하여 2003년 12월 건설교통부 장관직을 그만둘 때까지 건설교통부, 경제기획원, 재정경제부, 공정거래위원회, 기획예산처, 조달청, 국무총리실, 대통령 비서실 등 많은 기관을 거쳤다. 또 사무관에서 과장, 국장, 대통령 수석비서관, 차관, 장관까지 모든 직급을 경험했다.

주로 정책, 기획 등 종합 조정부서와 예산, 공정거래 부문에서 근무했으며, 업무와 관련해 국민 경제 전반에 걸쳐 생각을 많이 하게 되었다. 경제·사회개발5개년계획, 해마다 발표되는 경제운용계획 등 각종 중장기 계획에 참여하는 과정에서 우리 경제의 문제점은 무엇이며 우리나라가 지속적으로 발전하기 위해서는 어떻게 해야 할지 많이 고민했다.

공직자로서 중요한 국가 정책 결정 과정에 누구보다 많이 참여할 수 있었던 것을 행운으로 생각하며, 한편으로는 좀 더 잘할 수 있었는데 하는 아쉬움도 남는다.

요즘 경제가 어렵다고 한다. 정부는 물론 많은 전문가가 나름대로 대책을 내놓지만 공감하는 것도 있고, 아닌 것도 있다. 현실과 맞지 않는 이상론에 치우치거나 포퓰리즘에 영합하는 정책도 많은 것 같다.

따라서 공직생활을 하는 동안 느낀 점을 토대로 우리 경제의 미래를 위해 문제의식을 가지고 몇 가지 대안을 제시했다. 하지만 필자가 게으르고 전문 지식이 부족해 실증 분석은 제대로 못했는데, 그 부분은 앞으로 관련 전문가들의 폭넓은 논의가 있기를 기대한다.

그동안 필자가 느낀 것 가운데 하나가 전문가들은 대개 문제점은 날카롭게 지적하지만 구체적인 대책은 제시하지 못한 채 정부가 알아서 하라는 식이라는 것이다. 대책을 제시하더라도 도덕성이나 당위성에 입각한 것이 많고, 현실적인 시스템 개혁은 많지 않았다.

따라서 여기서는 될 수 있으면 우리나라가 발전하기 위한 구체적인 시스템 개혁 아이디어를 제시하고자 나름대로 노력했다. 남한과 북한, 마오쩌둥 시대의 중국과 덩샤오핑 이후의 중국은 한 민족인데도 시스템의 차이로 인해 결과가 엄청나게 달랐다.

이 책은 필자의 생각을 두서없이 정리한 것으로, 전문적인 학술논문이 아니다. 각 항목이 논리적이고 체계적이지 못한 점을 이해하기 바란다.

이 책에서 필자가 제시하는 정책과제에 대해서는 '재직 중에 왜 그렇게 못했는가' 하는 아쉬움이 있다. 어떤 과제는 필요하지만 기득권층의 저항으로 추진하기가 쉽지 않을 것이라는 점도 안다. 하지만 그런 과제일수록 개혁 필요성에 국민의 공감대 형성이 필요하므로 이 책에서 문제를 제기한 것이다.

공직에 있는 후배들에게 짐을 지우는 것 같아 미안하다. 소신 있는 공직자를 평가해주는 사회 분위기가 조성되어야 한다. 현직에 있을 때 제대로 못한 점을 반성하는 뜻에서 우리나라의 미래를 걱정하는 사람들에게 이 책이 한두 가지 아이디어라도 보탤 수 있다면 만족한다. 이 책에서 불합리한 정책이나 공직행태를 일부 소개했지만, 대다수 공직자는 공익을 위해 열심히 일하고 있다.

새 정부 들어 각종 공직과 공기업 등에서 인사쇄신이 일어나고 있다. 이 경우 공무원 출신은 아예 배제되는 경우가 많은데, 옥석을 가려 유능하고 청렴한 공직자는 일할 기회를 주어야 한다.

이 책이 나오기까지 많은 분들의 도움이 있었다.

처음부터 끝까지 헌신적으로 챙겨준 박연수 실장, 각종 자료를 조사하고 정리한 신학희 과장, 검토의견을 많이 준 구본혁 교수, 권도엽 차관, 바쁜 업무에도 마다 않고 각종 통계자료를 챙겨준 배국환 차관, 조원동 실장, 이용걸 실장, 김동연 비서관, 임종룡 국장, 홍순만 국장, 김철주 과장과 기획재정부, 국토해양부 등의 후배 공무원 여러분께 감사드린다.

또한 이 책을 쓰도록 격려한 권형기 사장, 김대영 회장, 김세형 편집국장, 김수길 편집인, 배인준 논설실장, 서정희 논설위원, 송희영 논설실장, 이형승 박사, 장용성 전무, 조성상 사장, 조휘갑 이사장, 허승호 경제부장께도 감사의 마음을 전한다. 자료를 정리해서 타이핑하고, 교정하느라 수고한 김진애 씨께도 감사드린다.

끝으로 오늘날까지 정신적·경제적으로 지원을 아끼지 않는 장인 임광수 회장님과 아내에게 감사드린다.

최종찬

part 01

우리 경제,
무엇이 문제인가

잘못 돌아가는 사회 분위기

역사적으로 볼 때 한 국가의 흥망성쇠는 법과 제도 같은 경제·사회 시스템이 합리적으로 되어 있는지 여부에 달려 있다. 계획경제를 택한 옛 소련이 시장경제를 택한 미국과 벌인 경제전쟁에서 패한 사실, 같은 나라인데도 계획경제 속에서 가난하게 살았던 마오쩌둥 시대와 시장경제를 택해 세계적인 경제대국이 된 덩샤오핑 시대, 폐쇄적 자급경제·계획경제를 유지하는 북한과 개방적 시장경제를 택한 남한의 차이 등을 볼 때 경제·사회를 보는 기본적인 인식과 개발전략이 무엇보다 중요함을 알 수 있다.

독재국가라면 독재자가 국가시스템을 독단적으로 결정할 수 있겠지만, 민주국가에서 법과 제도는 대다수 국민의 의사를 반영하므로 결국 국민의식이 국가의 운명을 결정한다. 때로는 대다수 국민의사가 비합리적이라고 판단되면 지도자가 지도력을 발휘해 국민을 설득하면서 바른 방향으로 유도하기도 하지만, 현실은 그런 지도자를 기대하기가 쉽지 않다. 따라서 국민의 의식수준에 따라 대부분의 시스템이 결정된다.

오늘날 성장잠재력 약화, 지역별·계층별 양극화, 비정규직 증가 등 고용악화, 급속한 고령화문제 등 해결해야 할 과제가 많다. 걱정되는 것은 이와 같은 문제가 해결하기 어려운 과제라기보다는 문제의 원인을 인식하는 방법이나 대책에 접근하는 방식에서 대중인기에 영합하는 비합리적인 점이 많다는 것이다.

과거 공산주의자들이 생산과잉과 부족을 막기 위해 계획경제를 주장하고, 부의 불균형을 막기 위해 사유재산제를 부정했는데 그 결과가 어떻게 되었는가.

급속한 경제성장 과정에서 소득분배 악화, 양극화 등 문제가 많이 발생했다. 이와 같은 문제가 개방과 시장경제체제에서 비롯되었다고 인식해 반시장적 대책 등을 주장하는 사회 분위기가 확대되고 있다. 기존 시장경제 시스템에서 양극화 같은 여러 가지 부작용이 생기고 이에 따라 대책도 필요하지만 반시장적이거나 불합리한 접근 방식으로는 오히려 문제만 악화시킬 뿐이다.

앞으로 우리나라가 발전하는 데 걸림돌이 되는 국민의식 몇 가지를 살펴본다.

시장기능은 불신하고 정부 역할은 과신

경제문제를 해결하는 데 정부의 역할도 시대 여건에 따라 변모했다. 18세기에는 야경국가론*을 주장하면서 국가는 국방, 치안유지 등에만 최소한으로 개입해야 한다고 주장했다.

그 후 대공황이 발생하자 케인즈[*] 등은 국가의 적극적인 재정정책의 필요성을 주장했다. 또 마르크스는 자본주의의 폐해를 지적하면서 국가가 생산·분배 등을 모두 통제하는 계획경제인 공산주의를 주장했다. 제2차 세계대전 이후에는 영국, 북유럽 국가를 중심으로 복지국가를 실현하기 위해 재정확대 등 정부의 적극적인 역할을 강조했다.

그러나 그 때문에 기업의욕과 근로의욕 등이 떨어지면서 이른바 영국병[*]이 문제되자 영국의 대처 수상과 미국의 레이건 대통령은 정부개입을 억제하고 개인의 책임을 강조하는 '신자유주의 정책'[*]을 추진했다.

우리나라도 1960~1970년대 경제개발 초기에는 경제운용에서 정부의 역할이 컸다. 주요 산업이 공기업이었고, 민간기업은 규모가 작아 자본축적도 안 되고, 시장구조도 독과점 상태가 많아 정부의 규제가 불가피했다.

● **야경국가론** 독일의 라살 F. Lassalle이 저서 《노동자강령》에서 쓴 개념이다. 국가는 외적의 침략을 막고, 국내 치안을 유지하며, 개인의 사유재산 및 자유를 보호하는 등 필요한 최소한의 임무만을 수행해야 한다는 자유방임주의에 근거한 자본주의 국가의 국가관이다.

● **케인즈** 영국의 경제학자로, 경기상황에 따라 정부는 재정정책 등을 실시해 적극적으로 개입해야 한다고 주장했다. 1936년 《고용과 이자 및 화폐의 일반이론》을 통해 적극적인 정부개입을 이론적으로 뒷받침했다.

● **영국병** 1970년대 지나친 사회보장, 조세부담 증가, 기업규제 등으로 기업가는 기업의욕이 떨어지고 근로자도 사회보장 혜택으로 열심히 일하려 하지 않아 영국 경제가 전체적으로 침체 국면으로 접어들게 된 사회적 모습을 나타낸 것이다.

● **신자유주의 정책** 국가권력의 시장개입을 비판하고 시장의 기능과 민간의 자유로운 활동을 중시하는 이론. 1970년대부터 케인스 이론을 도입한 수정자본주의의 실패를 지적하고 규제완화, 공기업 민영화 등 작은 정부와 시장기능을 중시하는 경제정책이다.

1980년대 초까지 주요 공산품과 서비스 요금을 정부가 규제했으며 금융자금도 정책금융이라는 이름으로 정부가 관여하는 경우가 많았다. 그러나 경제가 발전하고 시장규모가 커지면서 민간기업의 역량이 확대되고 경제구조가 확대됨에 따라 자원의 효율적 분배라는 규제의 장점이 점차 없어졌다. 그 대신 민간의 창의성을 억제한다든지, 관치금융, 공무원 부패 같은 문제점이 크게 부각되었다. 그 뒤 각종 규제완화, 경쟁촉진 등으로 시장기능을 강화하는 한편 정부의 직접규제는 축소했다.

참여정부 이후 진보적이고 좌파 성향인 인사가 행정부, 국회, 언론, 시민단체 등에 많이 진출하게 됨에 따라 경제문제 해결에서 시장기능을 불신하고 정부의 적극적인 역할을 강조했다. 경제문제 해결에서 시장기능과 정부의 역할 가운데 어느 것이 더 효율적인가. 역사적 경험에 따르면 시장기능이 정부에 의한 자원분배보다 더 효율적이다. 몇 가지 예를 들어보자.

아파트 가격이 올라가니 아파트 원가공개를 의무화하고 아파트 가격을 규제한다고 한다. 또 소비자 보호를 위해 후분양을 의무화하자고 한다. 이렇게 되면 건설회사는 앞으로 아파트 공급을 늘릴까, 줄일까. 공급은 줄고 수요가 늘면 장기적으로 아파트 가격이 안정될까.

지난날에는 전세가격이 올라 임차인이 어려워졌으니 주택임대차보호법을 만들어 임대료를 일정 수준 이상으로 올리지 못하게 하는 등 보호제도를 입법화했다. 그 결과 집주인이 임대료를 올리려고 기존 임차인을 내보내고 올린 가격으로 새로운 임차인과 계약을 맺는 바람에 임대료는 안정되지 않고 임차인은 이사만 자주 하게 만들었다. 또 상가 임대료가 올라갔다며 상가임대차관리법을 제정했고, 농지 소작인을 보호한다며 농지임대차관리법을 제정했다.

농지임대차관리법의 경우 1980년대 여소야대 시절에 여야 만장일치로 제정했다. 그러나 이 법이 농지임대료를 규제하면서 제2의 농지개혁을 준비하는 단계라는 소문이 퍼지자 이에 불안을 느낀 농지 소유자가 농지 임대를 기피하는 바람에 소작인이 할 일이 없어져 크게 반발했다. 그 결과 정부는 이 법의 시행을 몇 년 동안 보류했고 그 뒤에는 흐지부지되었다.

비정규직 근로자 보호와 관련한 이랜드 사건도 시장기능을 무시하고 정부규제로 경제문제를 해결하려는 데서 나타난 문제다. 정규직 근로자를 채용하는 데 따르는 비용 부담이 커서 비정규직 근로자를 사용하는데 정규직 근로자를 사용하라고 법률로 명령하면 모든 기업이 그대로 할까. 물가를 안정시킨다면서 법률로 모든 기업은 물가를 3% 이상 올릴 수 없다고 하는 것과 크게 다를 것이 없지 않은가. 기업이 비정규직 근로자의 처우를 개선할 수 있는 경제적 여건을 먼저 만들어주어야 한다.

아파트 경비원의 월급이 너무 적다며 최저임금 수준으로 올리라는 법률이 시행되자 일부 아파트에서는 경비원을 해고했다. 입주자로서는 관리비 인상이 부담스러워 경비원을 줄인 것이다.

청년실업 대책의 하나로 불요불급한 공무원과 공기업의 직원을 증원하는 것도 바람직한 일은 아니다. 국민의 세금으로 불요불급한 일자리를 만드는 일은 누구나 할 수 있다. 심하게 이야기하면 기업이 설비투자나 기술개발 재원으로 쓸 이익을 정부가 법인세 명목으로 거두어 공공부문 직원에게 월급을 주는 격이다.

위에서 정부 개입의 문제점을 예시했는데 현실적으로 시장기능이 항상 제대로 작동한다는 뜻은 아니다. 국방, 치안, 도로, 항만 같은 공공재와 환경보존 같은 외부경제, 독과점 시장구조, 소득 재분배, 경기진폭의 조절 등은 시장기능으로는 해결할 수 없는 이른바 '시장의 실패'다. 이 경우에는 정부가 적극적으로 나서야 한다.

한편 정부의 개입이 비효율적인 '정부의 실패'인 경우도 많은데, 진보적인 사람 가운데 일부는 정부를 과신하는 경향이 있다. 정부가 자원을 효율적으로 배분하려면 수요·공급에 관한 모든 정보를 신속하게 수집해야 하며, 공무원은 전력을 발휘해 이를 정확히 분석하고 정책을 신속히 집행해야 한다.

일반적으로 공직자의 도덕심이 높고 유능하다 해도 수많은 상품과 서비스의 수급상태를 신속하게 알아내거나 예측하기는 불가능하다. 또 주인정신 부족, 업무 평가의 어려움, 인센티브 부족 때문에 기업가가 자기 사업을 하는 것만큼 효율적이지 않은 것이 현실이다. 예를 들어보자. 도로가 정체되면 누가 요청하지 않았는데도 음료수와 간식거리를 파는 상인이 나타났다가 정체가 풀리면 사라진다. 이런 서비스를 필요로 하는 사람이 있으니까 그런 상인이 나타나는 것이다.

정부는 이 같은 서비스를 결코 할 수 없다. 정부가 한다면 다음과 같은 일이 벌어질 것이다. 언제, 어디서 도로가 정체되는지 공무원이 모니터링한다. 그에 따라 음료수와 먹을 것을 서비스하는 직원에게 어느 지점으로 가라고 지시한다. 그때서야 직원은 현장으로 간다. 이윤동기가 없는 공공조직에서 이런 일이 얼마나 신속·정확하게 집행될까. 아마 공무원이 현장에 도착했을 때는 이미 도로 정체는 풀려 있을 것이다.

공직 경험이 많다 보니 시장의 실패는 물론 정부의 실패가 무척 많은 것을 목격할 수 있었다. 국민이 정부를 과신하는 까닭은 시장의 실패는 가격이 오르거나 소득분배가 악화되는 등 부작용이 피부로 느껴지는 데 반해 정부의 실패는 일상에서 별로 느껴지지 않는 데 있다.

예컨대 민자고속도로는 건설비가 많이 들면 통행료도 올라가 이용자가 민자도로여서 비싸다고 불평한다. 그러나 정부가 건설하는 도로는 건설비가 많이 들더라도 여론을 반영해 적정 수준에서 통행료를 정하고 적자는 예산에서 보전한다. 대구, 인천, 광주 등 광역시 지하철이 적자가 엄청나도 이용요금이 비싸지 않으니 국민은 정부투자의 비효율성을 실감하지 못한다.

국민은 수도요금이 싼 것만 좋아하지 적자가 얼마인지 생각지 못한다. 만일 민영화해 적자를 줄이려고 수도요금을 올리면 정부가 운영할 때가 더 좋았다고 할 것이다. 정부가 운영할 때 적자는 국민의 세금으로 보전해 주고 있는 것을 모르기 때문이다. 이런 예에서 보듯이 정부의 실패가 큰데도 국민은 잘 느끼지 못하고 시장의 실패만 크게 느낀다.

국민이 시장기능을 불신하는 이유 가운데는 중·고등학교 교육에도 문제가 있다. 교과서에서는 정부의 실패보다는 시장의 실패를 강조한다. 정부는 시장이 기능할 수 없는 분야이거나 일시적인 이유로 시장의 기능이 제대로 작동하지 않는 경우 등에 한정적으로 개입해야 한다. 이때도 개입 방향은 시장기능에 반하는 것이 아니라 시장원리에 맞게 해야 한다.

아파트 가격이 안정되려면 수요가 줄거나 공급이 늘어야 한다. 종합

부동산세 과세 대상자를 늘리거나 주택담보대출을 축소하면 입주자의 부담이 늘어난다. 이것이 적절한지는 논란의 여지가 있으나 어쨌든 수요 감소에는 기여한다.

용적률 확대는 공급증대에 기여한다. 이와 같은 정책은 정부개입이라도 시장기능에 위배되지는 않는다. 그러나 아파트 원가공개, 분양가 규제 등은 장기적으로 공급을 축소시킨다. 이처럼 시장원리를 무시한 정책으로는 가격안정을 꾀할 수 없다.

1970년대 중산층 가정에는 가정부가 있었는데, 가정부에게는 월급도 거의 주지 않고 매주 휴일도 없었다. 오늘날 가정부를 고용하려면 월급도 주고 매주 휴일을 보장해야 한다. 이런 변화는 어떻게 일어났는가. 인권단체가 '가정부인권증진법'이라도 만들었나? 경제성장에 따라 사람 수요가 늘어나 자연스럽게 처우가 개선되고 인권이 신장되었다. 인권법보다는 경제성장이 더 효력을 발휘한 것이다. 따라서 경제문제 해결에는 정부규제보다는 시장기능이 더 효율적이라는 사실을 인식해야 한다.

기업의 영리추구에 부정적

경제 활성화를 위해 기업하기 좋은 나라를 만들어야 한다는 데는 이견이 없다. 그러면 기업은 무엇을 하기 위한 조직인가. 말할 것도 없이 이윤추구가 근본 목표다. 그러나 국민은 기업의 이윤추구 못지않게 공공성을 강조한다. 사기업을 수익성과 공공성을 적당히 추구해야 하는 공기업쯤으로 생각하는 것 같다.

2006년 8월 〈중앙일보〉가 실시한 '한국·중국·일본 세 나라 국민의 기업에 대한 의식조사'에서도 기업의 이윤추구에 대해 우리나라 국민이 가장 부정적으로 보는 것으로 나타났다. 기업의 목적에 대해 우리 국민은, 첫째 사회와 국가의 발전이라고 응답한 반면, 일본은 근로자 복지와 발전, 중국은 기업의 이익과 발전이라고 응답했다. 우리나라에서 기업의 이익과 발전은 근로자 복지와 발전, 소비자 복지 향상에 이어 네 번째를 차지했다.

시장경제를 도입한 지 얼마 안 되는 중국 국민이 오히려 우리나라 국민보다 기업의 이윤추구에 관한 이해도가 더 높은 것이다. 이 같은 기업의 이윤추구에 관한 이해부족은 잘못된 학교 교육에도 원인이 있다.

2006년 전경련이 교총과 함께 교사를 대상으로 한 조사에 따르면 기업의 존립 목적은, 첫째 고용창출, 둘째 기업이윤 사회 환원이고, 이윤극대화는 셋째다. 물론 오늘날은 세계적으로 기업의 사회적 책임을 강조하는 분위기가 지배적이다. 그러나 이는 기업이 지속적으로 발전하려면 소비자에게 좋은 이미지를 주는 것이 단기간의 이윤극대화보다 낫다는 나름대로의 장기적인 이윤극대화 전략의 일환이지 기업의 목표

[표 1-1] '기업이 추구해야 할 가장 중요한 목적은 무엇인가' - 3개국 국민 의식조사 결과

	한국	중국	일본
기업 이익과 발전	16.7%	59.4%	27.6%
근로자 복지와 발전	27.8%	15.6%	30.2%
소비자 복지 향상	20.7%	8.2%	13.7%
사회와 국가의 발전	34.4%	12.4%	30.0%

출처: 〈중앙일보〉, 2006년

 최종찬의 新국가개조론

[표 1-2] 기업이 추구해야 할 목표

합계	고용창출	수출증대	이윤 극대화	기업이윤 사회 환원	기업투명성 제고	소비자 만족 증대	노사관계 개선
100.0	32.4%	6.3%	16.8%	18.4%	18.0%	5.0%	3.2%

주: 교사 대상
출처: 전경련, 2006년

	고용창출	국가·사회에 기여	이윤극대화	소비자 만족	근로자 복지
대졸 이상	23.0%	22.7%	25.7%	14.5%	14.2%
일반 국민	24.4%	21.6%	20.1%	18.9%	15.1%

출처: 전경련, 2006년

가 공익추구로 바뀐 것은 아니다.

기업의 자발적인 사회 기여는 장려해야 하지만 기업의 근본 목표가 이윤추구라는 사실을 부인해서는 안 된다. 적자인 기업에게 무리하게 고용을 유지하라고 하면 누가 기업을 할까. 아파트 경기가 침체해서 부도가 나면 기업 책임이고 경기가 좋아져 이익이 많이 나면 폭리를 취한다고 매도하면 기업체를 꾸릴 맛이 날까. 경제가 활성화되어 고용이 늘어나려면 기업이 돈을 잘 벌게 여건을 마련해주고 기업가의 사기를 높여주어야 한다.

기업가의 이미지도 그리 긍정적이지는 않다. 모두 부자가 되기를 원해서 열심히 일하지만 우리 사회에서 부자는 존경의 대상이 아니다. 물론 부의 생성 과정이나 부자의 행태에 일부 문제가 있으나 일반적으로 부자를 질시하는 사회 분위기는 바뀌어야 한다.

	호감이 가는 편	호감이 가지 않는 편
전체 기업	61%	39%
대 기 업	57%	43%
중소기업	72%	28%
기업 오너	38%	62%
부　　자	33%	67%

출처: 전경련, 2004년

지나친 형평의식, 결과적 평등의식

사람은 어떤 때 행복을 느끼는가. 기본적으로 의식주가 해결되지 않으면 행복을 느낄 수 없다. 그러나 기본적 욕구가 어느 정도 충족되면 그 다음 단계에서는 절대적인 생활 여건의 향상 못지않게 상대적인 면에서 행복을 느끼는 것 같다.

1970년대에는 50대 중반의 회사원이 강남에서 난방이 되는 $100\,m^2$ 정도의 아파트와 소형 승용차를 소유하고 있으면 성공한 사람이라고 생각하고 행복감을 느꼈다. 그러나 오늘날 그와 같은 상태라면 행복감보다는 남에게 뒤처졌다는 느낌을 갖고 이 사회에 무엇인가 문제가 있다고 생각할 것이다. 여자들이 동창회에 다녀오면 기분이 나빠지는 일이 많다고 한다. 자기보다 잘사는 친구를 보면 자기도 생활 여건이 나아졌지만 친구와 비교해 상대적으로 초라하기 때문이다.

이처럼 남과 비교해 상대적인 행복감을 느끼는 것은 인간의 속성이지만, 우리나라 사람은 다른 나라 사람보다 정도가 심하다. "사촌이 땅을 사면 배가 아프다"는 속담이 그런 성향을 단적으로 나타낸다. 논리적으로는 친척이 부자가 되면 경제적으로 덕을 볼 수도 있으므로 나쁠 이유가 없지만 감정적으로는 상대적으로 불행해 하는 것이다. 우리 민족에게는 어느 민족보다도 남에게 지기 싫어하는 강한 성취동기가 있다. 강한 성취동기는 그동안 세계적으로 유례가 없는 빠른 경제성장의 동인이 되기도 했다.

미국에는 수많은 민족이 모여 산다. 그중에도 한국인은 제2의 유대인으로 불리면서 근면·성실해 짧은 기간에 나름대로 생활 기반을 마련한다. 다른 민족보다 적응하는 속도가 비교적 빠르다. 이는 우리 민족이 근면·성실하고 지적으로 우수할 뿐만 아니라 성취동기가 강하기 때문이다. 일본 사람은 자녀에게 "남에게 폐를 끼치지 말라"를, 미국 사람은 "거짓말하지 말라"를 강조한다고 한다. 그러면 우리 부모는 자녀에게 무엇을 강조할까. 아마도 "남에게 지지 말라"일 것이다. 보통 공부 열심히 하라고 말하지만, 공부 열심히 해서 남보다 나은 사람이 되라는 뜻이다.

일제 강점기를 거치면서 양반·상놈 계급이 없어짐에 따라 모든 사람이 같은 조건에서 경쟁하게 되었다. 해방 후 농지개혁과 한국전쟁을 겪으면서 재산 면에서는 빈부의 격차가 별로 없는 상태에서 1960년대 경제개발이 시작되었다.

오늘날에는 재벌도 생기는 등 경제 격차가 심각해졌으나 1960년대 이전에는 대부분 못 살았다. 따라서 다 같이 어려운 여건에서 출발했기 때문에 오늘날 경제적 격차를 심리적으로 쉽게 승복하지 못하는 것 같다. 즉 "저 친구가 나보다 나은 점이 없었는데 운이 좋아 또는 정부의 특혜를 받아 부자가 되었다” 는 생각이 고령 세대에게는 있는 것 같다. 그러므로 자식 세대나 손자 세대는 잘 가르쳐 좋은 학교에 보내 설욕하겠다고 투지를 불태운다.

우리나라는 저소득층이라도 사회적 신분상승에 대한 의지가 강하다. 재벌 회장이나 회장 자동차의 운전기사나 자식을 일류 학교에 보내겠다는 생각은 같다. 회장의 자동차 운전기사라고 체념하는 법이 없다. 비록 나는 돈을 못 벌고 출세는 못했지만 아들 세대에서는 한 치의 양보도 없이 경쟁하자는 자세다. 경쟁 결과 우열이 드러나게 마련인데, 뒤떨어진 사람은 경쟁이 불공정했다고 비난하기도 한다.

물론 그동안 경제적 격차가 벌어진 과정이 100% 공정하고 투명한 경쟁의 결과라고 할 수는 없다. 그렇다고 모든 경쟁이 불공정했다고 보는 것도 무리다. 최근에는 경쟁은 우열을 나타내고 우열은 갈등을 초래한다고 해 경쟁을 기피하는 풍조도 나타났다.

고교평준화는 국민 과반수가 지지한다고 하는데, 평준화를 해제하면 학교가 서열화될 것이다. 그에 따라 좋은 학교에 다니지 못하는 학생의 부모는 마음이 편치 못할 것이다. 자립형 사립고를 확대해서 교육 소비자의 선택권이 늘어나고 경쟁이 확대되면 전체 교육의 질이 높아질 것이다. 그러나 학교 간의 우열의 폭이 커지고, 자녀를 좋은 학교에 보내지 못하는 부모는 체면이 깎인다고 생각하기 때문에 반대한다. 즉 교육의 절대적 질이 떨어지더라도 현재 상태가 더 좋다는 것이다.

대학입시에서 고교 서열화를 반대하는 배경도 같다. 학교끼리 차이를 인정하면 좋은 학교로 가기 위한 경쟁과 좋은 학교를 만들기 위한 경쟁이 벌어진다. 그런데 이것이 학부모나 교사에게 스트레스를 준다는 것이다. 그러나 A학교에서는 90점짜리 학생이 10등이고, B학교에서는 85점짜리 학생이 1등일 때 85점짜리 학생이 더 우수하다고 평가받는다면 공평한 처사인가.

국민의 정부 말기에 초등학교 3학년 학생을 대상으로 읽기, 듣기, 쓰기 등의 학력평가를 시도한 적이 있다. 그런데 전교조 교사들이 심하게 반대했다. 그 이유는 학력평가는 학교 간의 차이를 드러내고 학급 간의 차이도 드러내 학생들의 수업 독려로 귀결된다고 본 것이다. 상대적 격차가 나타나면 경쟁이 격화되거나 상대적 박탈감 등으로 갈등을 초래한다고 한다.

평가와 경쟁 없이 우리가 잘살 수 있을까. 그럴 수만 있다면 굳이 스트레스를 받으며 평가와 경쟁을 할 이유가 없다. 아무런 보상과 자극이 없는데 누가 열심히 할까. 그렇게 되면 외국 기업이나 외국인과의 치열한 경쟁에서 살아남을 수 있을까. 경쟁이 불가피한 현실에서 경쟁을 회피하기보다는 미리 경쟁력을 갖추고 경쟁에 따른 심리적 스트레스를 슬기롭게 관리하는 법을 가르치는 것이 현명한 선택이다.

우리는 공평한 사회를 지향한다. 여기서 공평한 사회는 결과가 평등한 사회인가, 기회가 공평한 사회인가. 모든 사람이 자신의 노력과는 상관없이 비슷하게 사는 사회라면 누가 열심히 일할까. 공산주의가 망한 것을 이미 경험하지 않았는가. 누구든지 열심히 하면 부자가 되고 출세할 기회가 열려 있는 사회를 만드는 것이 중요하다.

가난한 집 학생도 장학금을 받아 좋은 학교에 갈 수 있고, 인터넷을 활용할 수 있으며, 아이디어만 있으면 창업 자금을 받아 기업을 일으킬

수 있으면 공평한 사회다.

아울러 노약자, 장애인 등 신체적 결함 등으로 아무리 노력해도 기본적인 생활을 할 수 없는 사회적 약자는 국가가 돌보아야 한다. 그러나 결과적 형평을 추구하기 위해서 열심히 일하는 사람의 의욕을 꺾는 사회라면 미래가 보이지 않는다. 또 경쟁의 결과로 나타나는 차이는 겸허히 받아들여야 한다. 부자가 되려고 노력했지만 부자가 못 되었다고 해서 "부자는 모두 도둑놈이다"라는 식의 발상은 지양해야 한다.

필자가 지난날 소대장으로 근무할 때 소대원 한 명이 휴가를 다녀와서 "우리는 철책선에서 고생하는데 서울에서는 밤늦게까지 휘황찬란한 불빛 아래 술 마시고 놀더라"며 동료에게 불평했다. 이에 필자가 "서울도 이곳 철책선처럼 깜깜하고 재미없으면 좋겠는가? 그러면 자네는 무엇 때문에 전역 날짜를 기다리는가?"라고 한 적이 있다. 미국은 선진국 중 계층 간 소득 격차가 비교적 큰 나라다. 그러나 가난한 사람들의 부자들에 대한 감정이 그렇게 나쁘지 않다. 기본적 생활 수요가 보장되어 있고 잘살 수 있는 기회가 누구에게나 있다는 점을 신뢰한다는 얘기다.

현실적으로 어느 사회도 국민을 모두 부자로 만들 수는 없다. 평등사회는 누구든지 부자가 될 기회를 공평하게 보장하는 사회라고 할 수 있다. 신분이나 소득에 상관없이 능력에 따라 돈을 벌고 신분이 상승되는 사회를 평등사회라고 할 수 있다.

● **사회적 유동성** Social Mobility 개인의 능력이나 노력에 의해 사회적 신분이나 경제적 부富가 증진될 수 있는 기회가 얼마나 있는지를 나타내는 것이다. 사회적 유동성이 큰 사회에서는 가난한 집 아이도 고위공직자나 기업가가 될 수 있는 가능성이 큰 반면, 사회적 유동성이 작은 사회에서는 아무리 노력해도 출세하거나 돈을 벌기가 어렵다.

사회적 유동성*이 큰 사회는 건강한 사회다. 가난한 집 아이들도 열심히 하면 대통령도 되고 재벌도 되며 타이거 우즈같이 될 가능성이 열려 있으면 희망을 갖고 좌절하지 않는다. 신분상승이 제도적 여건 등으로 불가능하다고 생각하면 체제에 불만을 갖게 되고 성공한 사람들에게 승복하지 않는다. 정부는 사회적 유동성이 유지되도록 사회적 여건을 만들어야 한다. 이 점에서 가장 중요한 것이 교육이다. 가난한 집 아이도 열심히 하면 부자가 되고 출세할 수 있어야 한다.

막대한 사교육비에 따른 서민들의 경제적 부담을 덜어준다는 명분으로 중·고교 평준화를 실시했다. 최근에는 대학입시도 내신 위주로 하고 본고사를 보지 못하게 한다. 이 같은 정책이 학생의 창의성이나 수월성 등 학습능력에 어떤 영향을 미쳤는지도 평가해야겠지만, 아울러 사회적 유동성에도 어떤 영향을 주었는지 깊이 있게 분석할 필요가 있다.

중·고교 입학시험이 없어지면서 사교육비 부담이 줄어들어 가난한 집 아이들이 전보다 좋은 학교에 들어가기 쉬워졌다고 주장하는 사람이 있다. 반면, 오히려 평준화 정책으로 빈부의 대물림 현상이 커졌다고 주장하는 사람도 있다. 즉 중·고교 입시가 있던 시절에는 한번 시험을 잘 봐서 일류 중·고교에 들어가면 그 다음부터는 큰 부담 없이 좋은 대학에 갈 수 있었다. 그런데 내신 위주로 선발하면 중·고교 6년 전 과정과 전 과목을 신경 써서 관리해야 하므로 경제력이 없는 아이들은 쫓아가기가 힘들다는 것이다.

지금은 세계화 시대로 외국어 실력이 사회생활에서 가장 중요한 요소가 되었다. 공교육이 신통치 않다보니 많은 학생이 외국으로 조기유학을 떠나고 대학생은 1년쯤 해외 어학연수가 필수 코스처럼 되었다. 또 외국 유학생활이 취직 등에서 유리하게 작용한다. 이런 현상이 지속되면 저소득층 자녀의 신분상승 기회가 점점 없어진다.

따라서 공교육을 충실히 하고 국내에서 공부해도 영어를 잘할 수 있게 교육 여건을 개선해야 한다. 이렇게 되려면 돈 때문에 공부하지 못하는 사람이 없게 장학금 지원과 학자금 대여를 확대하고 가난한 집 아이가 정보화Digital Divide나 영어능력English Divide에서 뒤떨어지지 않게 대책을 세워야 한다.

벤처기업 활성화는 사회적 유동성 확대라는 면에서 긍정적이라고 생각한다. 아이디어가 있는 젊은 기업가들이 부자가 될 길이 열렸다는 점에서 꿈 많은 젊은이에게 희망과 용기를 주고 있다.

대학입시 등에서 사회적 약자나 소수민족에게 해택을 주는 미국의 차별철폐조처*를 우리 여건에 맞추어 검토해볼 필요가 있다.

로스쿨 제도* 또한 필요성에 따라 도입되지만 이 때문에 사회적 유동성이 떨어지지 않게 유의해야 한다. 과거에는 독학으로 사법시험에 합격하면 본인은 물론 가문의 영광으로 생각했고 실제로 명예와 부를 얻을 수 있는 신분상승의 가장 좋은 기회였다. 그러나 로스쿨 제도가 시행되면 그런 일은 불가능해지므로 장학금 지급 확대 등 보완대책을

● **차별철폐조처**Affirmative Action 인종 및 성차별을 적극적으로 해소하기 위한 대책. 고용, 입학, 정부계약 등에서 여성, 흑인, 소수민족 등 취약계층에 대해 특혜적 혜택을 주는 제도로, 1965년부터 미국에서 시행되었다.

● **로스쿨 제도** 판사, 검사, 변호사 등 법조계 인재를 양성하기 위한 미국식 전문대학원으로, 미국에서는 법조인이 되려면 로스쿨을 나온 후 일정한 시험을 합격해야 한다. 2009년부터 우리나라도 법학전문대학원인 로스쿨 제도를 도입하고 2013년부터는 사법시험을 완전히 폐지할 계획이다.

마련해야 한다.

이상에서 몇 가지 예를 들어 살펴보았지만, 우리 사회의 사회적 유동성이 실제로 커졌는지 작아졌는지 단편적인 현상만으로는 판단하기가 어렵다. 이 문제는 우리 사회의 형평성을 나타내고 사회 체제의 건강도를 나타내는 중요한 과제이므로 이를 정기적·종합적으로 분석·평가해야 한다. 즉 전문가들이 '사회적 유동성 지표 Social Mobility Indicator' 를 해마다 공표함으로써 공평한 사회를 위한 정책적 관심이 지속되게 해야 한다.

국민정서법, 떼법 대신 법치주의 정착

요즈음 우스갯소리로 헌법보다 상위의 법을 '국민정서법' 또는 '떼법' 이라고 한다. 국민정서에 어긋나면 법에서 허용하는 것도 해서는 안 되고, 집단으로 떼를 쓰면 법률 규정에 상관없이 목적이 관철되는 세태를 풍자한 이야기다. 우리나라는 분명히 법치주의 국가이지만 현실에서는 그렇지 않은 경우가 많다.

텔레비전 뉴스를 보다보면 근로자나 농민이 시위를 제지하는 전경에게 쇠파이프나 각목을 휘두르는 장면이 나온다. 심지어 경찰차를 뒤집거나 차창을 부수기도 한다. 얼마 전에는 집주인이 재개발하려고 건물을 철거하겠다고 하자 세입자들과 다수의 외부 인사들이 가스통을 폭파하겠다고 위협하거나 새총을 쏘는 등의 방법으로 저항해 양측에 사상자가 다수 발생하기도 했다.

노동조합이 협상 대상이 아닌 경영권에 간섭하거나 심지어 통일 관련 정책까지 운운하며 파업하는 경우도 있다. 이외에도 법을 지키지 않고 공권력을 무시하는 경우가 많다. 미국같이 국민의 자유와 인권을 존중하는 국가에서도 국민은 공권력의 상징인 경찰을 두려워한다. 집회와 시위는 자유롭지만 허용 지역이나 범위를 벗어나면 가차 없이 처벌한다. 경찰의 지시에 불응하거나 허용된 이외의 시위를 하면 수갑을 채워 끌고 가는 모습을 언론매체에서 볼 수 있다. 반면에 우리나라는 파출소나 경찰서에서 난동을 부리기도 한다.

우리나라에 법치주의가 제대로 정착되지 않는 이유를 나름대로 분석해보면 다음과 같다.

첫째, 우리나라는 단일민족이므로 공통된 가치관을 공유하며 오랫동안 지속된 관례나 관습을 실정법보다 더 중시하는 경향이 있다. 미국같은 다민족국가는 분쟁이 생겼을 때 공통된 관습이나 가치관이 없어 오로지 법률로 시비를 가려야 하므로 법률이 기준이 될 수밖에 없다.

그러나 우리나라는 새로운 법령을 제정했다 하더라도 국민의 인식과 차이가 있는 경우 제대로 지켜지지 않는다. 우리나라는 사람들이 생각하는 게 비슷해서 한 사람이 법을 무시하면 다른 사람도 뒤따르는 경향이 강하다. 법령 내용이 국민의 인식이나 수준을 크게 벗어나고 정부가 법률을 엄정히 집행할 의사가 없거나 능력이 없을 때 법률은 제대로 지켜지지 않는다.

둘째, 우리의 어두운 역사에서 이유를 찾을 수 있다. 일제강점기에 공권력은 일본 정부였으니 타도나 기피의 대상이었고 법을 지키지 않는 것을 애국이라고 생각했다. 일본 순사를 죽이고 일본 공권력에 저항하는 것이 독립운동이었다. 창씨개명 반대가 독립운동이었다. 해방 이후에도 경찰은 독재정권의 하수인으로 생각되었다. 대학생들이 경찰에 맞서 데모함으로써 이승만 정권을 무너뜨렸다.

그 뒤에도 민주화 투쟁, 5·18민주화운동 등에서 보듯이 공권력에 대한 대항이 뒷날에 정당화되고 국가와 민족을 위한 일이었다. 때로는 국가로부터 사후에 보상까지 받았다. 이처럼 역사적 경험을 통해 국민감정에는 공권력이 반드시 옳은 것은 아니며 필요에 따라서는 무시해도 좋다는 인식이 심어졌다.

셋째, 각종 선거에서 국민의 인기를 얻으려고 행한 불법행위를 사후에 합법화하는 일이 반복됨으로써 국민의 준법정신이 흐려졌다. 예컨대 무허가 주택, 그린벨트 불법훼손 등이 선거를 치르면서 합법화되는 경우가 많았으며, 사면의 남발도 준법정신을 떨어뜨리는 데 일조했다. 선거에서 표를 의식해 불법행위에 대한 엄정한 법집행을 꺼린 면도 있다.

법치주의가 정착되지 않아 초래되는 부작용은 단순한 사회기강 문제뿐만 아니라 경제·사회발전 전반에 심각한 영향을 주는데 우리나라에서는 이를 과소평가하는 것 같다. 최근 경제 활력이 떨어지는 것도 법치주의와 관련이 많다. 불법파업으로 공장을 점거해도 공권력이 법집행을 제대로 못하는 것이 현실이다. 물론 사용자의 위법도 똑같이 엄정하게 다스려야 한다.

골프장을 건설하기 위해 환경영향평가를 1년 이상 제대로 받아 문제가 없어도 인근 마을에 민원 무마비를 얼마씩 주어야 하는 게 현실이다. 집단으로 떼를 쓰면 옳고 그름을 떠나 경제적 보상 등으로 달래는 게 관행이 된다면 누가 가만히 있겠는가. 건설회사 소유의 아파트용 부지에 무허가 가건물을 짓는 사람이 많다. 이사비용까지 수백만 원씩을 주면서 퇴거를 요청하면 금액이 적다고 집단 반발하는 사례가 흔하다.

남의 땅을 공짜로 사용했으니 고맙다고 해야 하는데 오히려 돈을 내놓으라고 하는 것은 어찌된 일인가. 건설회사가 강력한 법집행을 요구하면 우리 사회는 차라리 건설회사가 돈을 좀더 주고 원만하게 해결하라고 한다. 가난한 사람은 도와야 한다. 그러나 기업이 사회적 책임을 의식해 자율적으로 해야지 강요해서는 안 된다. 어려운 환경에서 법을 지키면서 사는 선량한 사람이 있는데 떼를 쓴다고 들어주면 그 같은 불법·부당 행위는 더욱 늘어날 것이다.

국가가 할 일과 기업이 할 일은 분명히 구분해야 한다. 기업의 사회적 책임을 강조한다고 해서 자선사업을 강요할 수는 없다. 가난하고 약자라고 해서 법을 무시해도 좋은 것은 아니다. 집단으로 떼쓰는 풍조를 용인하면 이 같은 현상이 확산되어 건전한 근로의식을 저해한다. 국가나 기업이 무슨 사업을 하려면 무조건 반대부터 한다. 그러면 달래기 위해 혜택을 주는 현상이 반복된다. 민주화 이후 집단민원이 빈번한 것은 이 같은 현상과 무관하지 않다.

얼마 전 한 자동차 공장이 파업했을 때 오랜 진통 끝에 파업이 수습되었다. 그런데 회사에서는 일하지 않은 파업기간의 임금을 격려금 명목으로 보전해주었다. 이 회사 근로자가 수십 년 동안 빠짐없이 파업하는 원인을 여기서 찾을 수 있다. 아무리 집단민원이라 해도 부당한 것은 받아들이지 말아야 한다.

아울러 법치주의가 지켜지지 않으면 예측가능성이 없어져 합리적인 경제활동을 할 수 없다.

몇 년 전 어떤 지역에서 합법적으로 허가를 받아 숙박시설을 지으려고 하는데 인근 주민들이 러브호텔이라고 하면서 허가를 취소하라고 한 사건이 있었다. 처음에는 시장이 합법적인 절차에 따라 건축을 허가했으므로 취소할 수 없다고 했으나 결국 취소했다. 이 경우 지역 여건 상 청소년을 보호하기 위해 러브호텔이 될 가능성이 있는 숙박시설 건축을 금지하려면 사전에 규정을 개정해 허가하지 말았어야 한다.

금지규정이 없어 숙박시설 건축이 가능한 것으로 알고 땅을 매입했는데, 사후에 주민의 문제 제기로 건축을 허가하지 않는다면 적어도 해당 관청은 땅 주인이 원하면 그 땅을 되사는 등 손해 보지 않게 해야 한다. 사전에 예측가능성이 없으면 경제활동은 위축될 수밖에 없다. 그 결과 경제성장 둔화, 고용감소의 최종 피해자는 바로 국민이다.

법치주의가 정착되려면 어떻게 해야 할까.

첫째, 각종 법령은 대다수 국민이 법령 제정의 당위성을 공감하는 범위에서 제정해야 한다. 법률은 최소한의 도덕이라고 하는데, 국민이 법령위반에 도덕적으로 잘못된 느낌을 갖지 않는 법령은 잘못된 것이다. 과외금지 법령이 있을 때 학교에서 제대로 가르치지 못해 자기 돈으로 자식을 가르치는 것이 왜 죄가 되는지 납득하지 못하는 국민이 많았다. 비현실적인 자동차 속도제한을 위반하면서도 죄의식을 별로 느끼지 못하는 것과 같다.

각종 법령의 준수율을 조사해 준수율이 낮은 법령은 재검토해 현실에 맞게 개정하거나 단속을 철저히 해야 한다. 정부가 단속을 철저히 할 의지가 없거나 행정능력상 단속이 어려운 법령은 만들지 말아야 한다. 재수 없으면 걸리는 식의 단속은 준법정신을 흐리게 하고 정부 불신만 조장한다.

노조가 투쟁할 때 사용하는 '준법투쟁'을 외국인은 어떻게 생각할까. 준법이 노동쟁의의 수단이라면 평상시에 법을 전혀 지키지 않음을 의미하는데, 그런 법을 왜 만들었는지 이해하지 못할 것이다. 정부가 유지할 수 없는 법령은 현실에 맞게 고치고 일단 만든 법은 국민이 지켜야 한다. 법을 지킨 국민만 바보가 되는 사회를 만들어서는 안 된다.

둘째, 법은 엄격히 집행해야 한다. 요즘 사회지도층과 고위직에 대한 법집행은 엄격해지는 것 같은데 불법적인 집단행위에는 그렇지 않은 것 같다.

권위주의는 불식해야 하지만 공권력은 존중해야 한다. 공무집행 방해는 엄격히 처벌해야 한다. 정당한 공권력을 행사하는 경찰이 시위 군중에 맞는 일은 없어야 한다. 재건축을 반대해 경찰에 돌을 던지는 세입자도 법을 지켜야 한다. 세입자의 생계가 어려우면 따로 대책을 강구해야 한다.

사회적 약자라고 불법행위를 할 특권이 있는 것은 아니다. 저소득층 등 사회적 약자에 대한 대책은 정부가 관심을 갖고 추진하되 불법행위를 예외로 허용하는 식으로는 문제를 해결할 수 없다. 사면권 행사도 준법정신을 해이하게 할 수 있으므로 신중하게 해야 한다.

외국자본이 국내에서 돈을 벌면 안 되나

미국에 있는 현대자동차 공장과 우리나라에 있는 GM대우 공장 중 어느 나라 공장이 우리 경제에 도움이 되는가. 사람들은 아직도 현대자동차의 미국 공장이 이익을 많이 내어 현지에서 공장을 확장하면 자기 일처럼 가슴 뿌듯해 한다. 반면 GM대우 공장이 우리나라에서 돈을 벌어 공장을 확장하면 우리 소득을 외국에게 빼앗기는 기분을 느낀다.

그러나 실제로 우리 경제에 도움이 되는 것은 미국에 있는 현대자동차 공장이 아니라 우리나라에 있는 GM대우 공장이다.

미국의 현대자동차 공장은 대부분 미국인을 고용하고 미국에 세금을 내며 경제활동을 미국에서 하므로 혜택이 미국으로 돌아간다. 우리나라에서 덕 보는 계층은 현대자동차의 한국인 주주 정도다. 반면에 GM대우의 수익성이 좋아져 우리나라에서 자동차 생산을 확대하면 많은 혜택이 우리나라로 돌아온다. 우리나라 근로자 고용도 늘어난다. 예컨대 외환위기 당시 해고되었던 근로자들이 대부분 복귀했다.

이런 점에서 세계 여러 나라는 국적을 불문하고 자기 나라에 투자를 유치하려고 노력한다. 우리나라도 외국인 투자 유치에 노력하는데 외국기업이 돈을 많이 벌었다 하면 국민감정이 좋지 않다. 외국기업도 우리나라에서 영업하면 돈을 벌기도 하고 손해를 보기도 한다. 그런데 손해만 보라고 하면 누가 우리나라에 투자할까. 국내기업도 손해만 보라고 하면 누가 투자할까.

국내 고용증대 효과는 국내기업이나 외국기업이나 마찬가지다. 국

[표 1-4] 주요 회사 외국인 지분율(2008년 1월)

(단위: %)

회사	외국인지분율	회사	외국인지분율
POSCO	48.79	SK텔레콤	46.98
현대중공업	19.48	SK에너지	43.91
한국전력	27.87	KT&G	51.55
SK	24.87	삼성화재	57.72
국민은행	81.53	하이닉스	25.98
신한지주	57.80	하나금융지주	75.12
삼성전자	46.85	외환은행	80.75
LG전자	27.50	GS건설	39.46
KT	45.51	삼성중공업	28.91
신세계	42.78	S-Oil	47.34
현대차	32.69		

출처: 증권선물거래소

내 우량 대기업의 주주는 대부분 외국인이다. 삼성전자와 GM대우는 주주의 과반수가 외국인인 것은 마찬가지다. 삼성전자는 경영권을 한국인이 갖고 있고 본사가 한국에 있으며, GM대우는 경영권을 외국인이 갖고 있고 본사가 미국에 있다는 점만 다르다. 이런 상황에서 삼성전자가 돈을 벌면 괜찮고, GM대우가 돈을 벌면 안 된다는 생각은 의미가 없다.

경제활성화를 위해서는 기업의 국적을 막론하고 우리나라에 대한 투자가 늘어야 한다. 그러려면 외국기업도 공정하게 돈을 벌 여건을 조성해야 한다.

고령화 속도가 세계에서 가장 빠른 나라

우리나라는 세계적으로 경제발전 속도가 빠른 나라였는데 고령화 또한 빨리 진행되고 있다. 2006년 가임여성 1명당 평균자녀수는 1.13명으로 일본 1.29명, 프랑스 1.89명, 미국 2.04명보다 훨씬 적었다. 2006년 현재 4,850만 명인 우리나라 인구는 2018년 4,934만 명에서 정점을 이룬 다음 감소할 것으로 전망한다. 세계보건기구의 '세계보건 2008'에 의하면 한국의 합계 출산율*은 조사대상 193개국 중 최저다.

통상 전체 인구 중 65세 이상 인구 비중이 7%이면 고령화 사회^{Aging Society}라고 하고, 그 비중이 14%를 상회하면 고령사회^{Aged Society}라고 한다. 우리나라는 2000년에 65세 이상 인구 비중이 7.2%로 이미 고령화 사회에 접어들었다.

많은 선진국이 고령화 사회 또는 고령사회에 접어들었는데, 문제는

● **합계 출산율** 여성 1명이 평생 낳을 것으로 예상되는 아이 수를 말한다.

[표 1-5] 세계 여러 나라의 고령화 속도

	7 → 14 %	14 → 20 %
프랑스	115년	41년
스웨덴	85년	40년
노르웨이	92년	47년
미국	71년	15년
이탈리아	61년	19년
독일	40년	40년
일본	24년 (1994년)	12년 (2006년)
한국	18년	8년

출처: UN 통계청

우리나라 고령화 속도가 세계에서 유례없이 빠르다는 점이다. 현재 추세가 지속되면 우리나라는 고령화 사회에 접어든 지 18년 만에 고령사회에 도달할 것이다. 2026년에는 65세 이상 인구가 전체 인구의 20% 이상인 초고령 사회에 진입할 예정이다. 고령화가 느리게 진행되는 프랑스는 고령화→고령사회에 115년, 고령→초고령 사회에 41년, 노르웨이는 각각 92년, 47년, 비교적 빨리 진행된 일본도 24년과 12년이 소요되었다. 우리나라는 각각 18년과 8년이 될 것으로 보인다.

인구가 고령화됨에 따라 생산가능 인구 비율이 줄어들어 경제의 활력이 떨어지고 각종 사회보장비용이 늘어난다. 15~64세의 생산가능 인구는 2005년 3,467만 1,000명에서 2016년 3,949만 6,000명으로 정점을 이룬 뒤 줄어들 것으로 전망한다. 이를 노인부양 인구로 바꾸어 설명하면 1980년에는 생산가능 인구 16.3명이 65세 이상 노인 1명을 부양했다. 이 비율이 2005년에는 생산가능 인구 7.9명당 노인 1명, 2020년에는 생산가능 인구 4.6명당 노인 1명이 된다. 2050년에는 생산가능 인구 1.4명당 노인 1명이 된다. 고령화 때문에 경제의 활력이 떨어지는 것과 함께 각종 연금, 의료비 부담이 급증한다. 이에 따라 각종 연금 개혁, 건강·의료보장 대책, 출산력 증진, 이민정책 개선 등이 시급하다.

공무원연금과 군인연금은 이미 적자다. 공무원연금 연구센터에 따르면 공무원연금 적자액은 2030년에 18조 원으로 예상한다.

국민연금은 법 개정으로 기금고갈 시기가 당초 2047년에서 2060년으로 연장되었다. 그러나 기초고령연금제도가 도입되어 2008년부터 65세 이상 전체 노인의 60%에게 매월 8만 4,000원씩 지급하기 시작해 점차 확대한다는 계획이다. 이렇게 되면 소요금액이 2008년 2조 4,000억 원에서 2030년에는 19조 원이 될 것으로 본다.

노인의료비는 1994년 전체의 11.3%인 5,511억 원에서 2004년에는 22.8%인 5조 1,364억 원으로 급증했다. 이 같은 추세는 앞으로 지속되어 의료보험재정에 부담이 될 것으로 보인다. 아울러 치매시설 확충 등 노인의료시설 보장도 필요하다. 출산력을 높이려면 육아비용 지원 등 다각적인 대책이 필요한데 여기에도 엄청난 재원이 소요될 것이다.

외국인 근로자가 늘고 농촌에서는 외국인과 결혼하는 사례도 늘고 있고, 우수한 외국인 과학자나 기술자 유치도 필요하다. 따라서 이민정책도 개선해야 한다. 특히 고령화 대책은 대부분 재정지출 확대를 필요로 하므로 이를 감당하기 위한 재정개혁도 시급한 과제다. 연금수급자가 늘어나면 개혁은 그만큼 어려워진다. 국가 장래를 위해 여야나 사회 각계각층이 중지를 모아 조속히 대책을 마련해야 한다.

세계적으로 생활비가
비싼 나라

1인당 GDP가 2만 달러 수준인 우리나라가 주거비와 생활비 면에서 세계적인 고비용 국가가 되었다. 우리나라의 물가수준은 세계에서 가장 비싸다는 일본과 비슷하다. 품목에 따라서는 우리나라가 더 비싼 경우도 많다. 서울 강남의 고급 아파트는 도쿄의 고급 아파트와 맞먹는다. 골프를 치는 데 드는 비용은 우리나라가 더 비싸 일본으로 골프를 치러 가는 한국인이 점점 늘고 있다. 서울 도심의 스타벅스 커피가격이 도쿄 도심의 커피가격보다 비싸다.

유엔에서는 직원의 급여수준을 정하기 위해 해마다 뉴욕을 100으로 해 세계 주요 도시의 생계비 지수를 발표한다. 2005년 6월 기준으로 도쿄가 128위로 서울 109위보다 높았고, 나머지 도시는 모두 서울보다 낮았다. 예컨대 싱가포르 81위, 워싱턴 D.C. 89위, 몬트리올 91위, 런던 101위, 로마 93위, 빈 94위, 아테네 89위, 제네바 103위, 파리 94위, 브뤼셀 92위, 모스크바 98위, 시드니 92위 등이다.

또 다른 경제전문 조사기관인 이코노미스트 인텔리전스 유닛[EIU]이 2006년 발표한 자료에 따르면 서울의 물가는 전 세계 주요 도시 중 11위를 차지했다. 이 조사는 뉴욕 100달러를 기준으로 전 세계 132개 주요 도시의 생활비 지수를 비교한 것인데, 서울은 115로 2005년 13위에서 11위로 두 계단 올랐다. 아시아 지역에서는 도쿄와 오사카를 제외하고는 서울이 가장 비싼 곳이다.

또 다른 예인 UN 직원의 하루 출장 수당도 서울이 외국 대도시보다 비싸다. 상하이 273달러, 도쿄 273달러, 파리 306달러인데 서울은 368달러다.

선진국의 1인당 GDP보다 우리나라의 GDP가 낮음을 감안하면 우리나라의 생활비가 무척 비싼 것을 알 수 있다. 그러면 우리나라의 무엇이 외국보다 특히 비싼가. 먼저 식료품 값이 비싸다. 대부분의 식료품 값이 일본을 제외한 외국에 비해 2~5배 수준이다. 쌀값은 중국의 3배이고 쇠고기는 중국·캐나다의 10배, 미국의 5배 수준이다. 돼지고기도 미국의 2배 수준이고 사과·감자·당근 등도 외국의 2배 수준이

[표 1-6] 주요국 농산물 가격

(단위: 달러, 1Kg당)

	한국	미국	일본	중국	프랑스	캐나다
쌀	2.15	1.25	3.99	0.70	1.47	1.98
쇠고기	48.09	9.14	46.5	4.68	15.64	5.06
돼지고기	13.10	6.79	14.42	4.22	7.92	9.13
사과	3.87	2.19	5.07	2.09	1.84	2.40
감자	2.08	0.99	2.45	0.77	0.97	0.58
당근	2.18	1.29	2.67	0.88	0.79	0.99

출처: 국제노동기구(ILO)

다. 특히 축산물이 외국보다 비싼데, 국제노동기구[ILO]의 '직업, 임금 및 식품가격 통계'에 따르면 2005년 10월 기준으로 쇠고기·돼지고기 는 OECD 11개국을 포함한 조사대상 13개국 중 가장 비싼 수준이었다.

우리나라는 주거비도 비싸다. 강남의 아파트는 세계 주요 도시의 최고급 아파트 가격과 비슷하며, 소득 대비 주택가격도 비싸다.

미국의 부동산 조사업체 웬델콕스컨설팅이 미국, 영국, 캐나다, 오스트레일리아, 아일랜드, 뉴질랜드 여섯 나라 도시 100곳의 2005년 9월 기준 집값 수준을 조사한 결과, 이 비율이 평균 4~6배였다. 〈한겨레〉 2006년 12월 26일 보도에 따르면 서울지역의 도시근로자 가구 연간소득 대비 109㎡ 아파트 가격은 11배 수준으로 외국에 비해 높았다.

[표 1-7] 세계 주요 도시의 소득 대비 주택 매매가격 비율

(단위: 배)

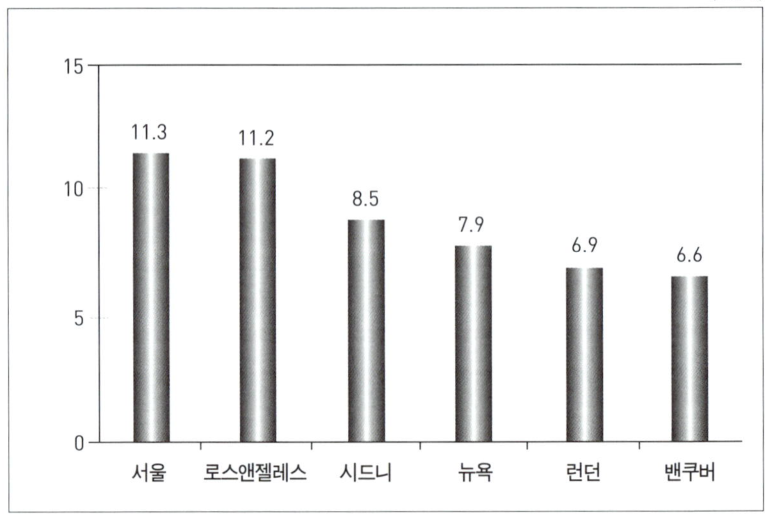

주: 서울은 도시 근로자가구의 연평균 소득 대비 109㎡ 아파트 평균 매매가격
　　외국은 중위 가구의 연소득 대비 중위 주택 매매가격 비교
출처: 통계청, 부동산뱅크, 미국 부동산조사업체 웬델콕스컨설팅

이 같은 우리 사회의 고비용 구조는 기업투자를 어렵게 하고 사회 양극화를 심화시킨다. 실질적인 국민생활 수준 향상을 저해할 뿐만 아니라 지속발전을 저해하는 요인이 된다. 2008년 스위스 국제경영개발연구소IMD가 발표한 국가경쟁력 순위에서 우리나라는 세계 55개 국가 가운데 31위였다. 2007년에는 29위였다. 이는 고비용 구조와 무관하지 않다. 고비용 구조를 극복하지 못하면 선진국이 되거나 복지사회를 달성하기는 사실상 불가능하다고 본다. 그러면 어떻게 해야 할까.

첫째, 임금이 안정되어야 한다. 임금과 물가는 원인과 결과가 되기도 하지만 우리나라 임금상승률이 세계적으로 빠르고 소득수준에 비해 절대금액도 높다는 점은 분명하다.

OECD 주요국 임금과 물가상승 통계에 따르면 제조업 임금지수$_{2000=100}$는 2006년 6월 우리나라 161.1, 미국 119.2, 이탈리아 117.5, 캐나다 111.9, 네덜란드 115.2로 우리나라 임금상승률이 외국에 비해 3배 이상 높았다. 같은 기간 소비자물가지수 상승은 우리나라 20.3%, 미국 17.8%, 이탈리아 15.2%, 캐나다 14.9%, 네덜란드 14.3%로 큰 차이가 없었다. 이는 우리나라 근로자의 실질임금이 외국보다 빠르게 올랐음을 의미한다.

제조업 임금 부문을 아시아의 다른 국가와 비교하면 2004년 우리나라는 시간당 임금이 9.7달러였다. 일본은 23.6달러로 우리보다 많고, 싱가포르는 9.8달러로 비슷하며, 대만은 6.4달러로 우리보다 오히려 낮았다. 1인당 국민소득 대비 시간당 임금지수를 보면 우리나라가 1일 때 일본 0.89, 대만 0.63, 싱가포르 0.61로 우리의 임금수준이 높음을 알

	한국	일본	대만	싱가포르	중국	태국
시간당 임금지수(a)	100.0	243.5	65.6	100.9	10.1	7.1
시간당 임금(달러)	9.71	23.64	6.37	9.80	0.98	0.96
1인당 국민소득지수(b)	100.0	272.4	104.0	167.9	8.7	17.3
1인당 국민소득	12,646	34,510	13,156	21,230	1,100	2,190
1인당 국민소득 대비 시간당 임금(a/b)	1.00	0.89	0.63	0.61	1.16	0.41
연평균 시간당 임금 상승률 %(2001~2004년)	15.4	0.6	0.3	3.0	15.3	1.1

주: 한국 = 100 기준
출처: 한국무역협회, 2004년

수 있다. 임금이 안정되려면, 물가가 안정되고 임금상승이 생산성 향상 범위 내에서 이루어져야 한다. 또한 노동시장의 유연성이 좋아져야 한다. 또 여성인력, 고령인력의 활용도 확대되어야 한다. 필요한 분야는 외국인도 활용해야 한다.

둘째, 부동산 가격이 안정되어야 한다. 비싼 주거비와 부동산 임대료는 임금과 각종 가격에 전가된다. 부동산 가격이 안정되려면 가용토지 공급을 늘려야 한다. 우리나라는 대부분 산지, 농지인 데다 각종 규제 등으로 전체 국토의 5% 정도만 활용한다.

따라서 택지나 공장용지, 공공시설용지 등의 도시적 용지 공급을 늘리고 기존 도시적 용지의 활용률도 높여야 한다. 즉 용적률 규제를 완화한다든지 이용개발에 따른 절차를 간소화해야 한다. 한편 부동산투기를 억제하기 위해 개발이익 환수 등의 대책을 보완해야 한다.

셋째, 수입규제를 포함해 각종 규제를 완화해야 한다. 예컨대 과도한 농축산물 수입규제는 농가소득 보호효과에 비해 소비자의 실질소득 감소만 크게 하는 경우가 많다. 또 불합리하거나 과도한 기업 활동 규제는 기업의 생산비용을 증가시킨다.

골프장 건설 규제로 국내 골프 비용이 비싸 해마다 수십만 명이 해외로 골프여행을 떠난다. 세계에서 골프 치는 사람을 위해 전세기를 띄우는 나라는 우리나라가 유일할 것이다. 기업 신·증설 시 법령에도 없는 이른바 국내 정서법에 의한 각종 민원요구 등의 비용도 적지 않다.

넷째, 불합리한 소비행태도 고비용 구조의 원인이다. 접대 문화 등으로 비쌀수록 잘 팔리는 경우도 있다. 명절 때 비싼 물건은 대부분 선물용이다. 이런 과정에서 과소비가 조장되어 가격이 비싸게 형성되기도 한다. 상품이나 서비스에 대한 정확한 정보제공을 확대하고, '남의 돈' 이나 '공돈' 을 줄이며, 어려서부터 '실용적인 가치관' 이 형성되게 해야 한다.

이상 몇 가지 과제를 예를 들어 우리나라 고비용 구조의 심각성과 대처방안을 언급했다. 문제는 우리나라가 소득수준 등을 감안하면 엄청난 고비용 사회가 되었는데도 문제인식과 해결의지가 부족하다는 점이다. 이제부터라도 정부는 고비용구조 타파를 중요 정책과제로 선정해 원인을 심층 분석하고 종합적인 대책을 마련해야 한다.

part 02

정부부터 혁신해야 한다

과연 정부는 만능인가

국민의 정부에 비해 참여정부에서는 정부와 공기업 등 공공부문의 역할이 커졌다. 정부기구와 공무원도 늘어나고 공기업의 민영화는 대부분 중단되었다. 한전의 민영화는 중단했고, 우리은행 매각, 산업은행 등 국영은행의 기능 전환에도 소극적이다. 필자가 건교부 장관으로 재직할 때 추진한 2003년의 철도청 공사화가 유일하다.

경제·사회정책 면에서도 정부개입이 늘고 있다. 이 같은 추세의 배경에는 시장기능은 불완전하므로 정부가 나서야 한다는 판단이 깔려 있다. 현실적으로 시장기능도 항상 완벽한 것은 아니다.

그렇다면 정부는 시장기능보다 더 효율적인가. 일률적으로 말할 수는 없고 사안에 따라 다르다. 많은 사람이 시장기능의 실패만 알고 정부의 실패는 모르는 것 같다. 예컨대 최근 물 관리를 민영화하자는 정책에 관해 라디오에서 토론한 적이 있다. 대부분 물 관리를 민영화하면 물값이 올라가 서민의 경제적 부담이 커진다고 반대했다. 민간이 운영하면 비효율적이어서 물값이 올라가는가. 정부가 운영하면서 엄청난 적자인데도 물값이 싼 이유는 국고에서 보전하기 때문이다. 결코 정부가 운영하면 더 효율적이라서 그런 게 아니다. 또 물값을 정부가 원가 이하로 유지하면 서민보다 부유층의 이득이 훨씬 크다. 부유층이 물소비량이 훨씬 많기 때문이다.

민간기업은 조금만 손해가 나더라도 회사가 망하거나 물건 값을 올려 문제 발생을 쉽게 알게 된다. 그러나 정부나 공기업은 엄청난 비효율이 발생해도 다른 재원으로 보충하거나 부채를 늘리는 방식으로 대처해 국민에게는 문제점이 노출되지 않는다.

시장실패에는 정부가 개입해야 하고 정부가 더 잘하는 분야도 많다. 그러나 시장실패 못지않게 정부실패도 크다는 사실을 직시해야 한다. 또 정부규제를 과신하면 안 된다. 실제로 정부실패는 국민이 느끼는 것보다 훨씬 많다. 정부의 비효율성은 구조적이라서 개선하기조차 쉽지 않다.

이제부터 정부는 구조적으로 어떤 특징이 있는지, 왜 비효율적인지 살펴본다. 이는 모든 정부개입이 비효율적이라는 뜻은 아니므로 오해하지 않기를 바란다.

정부는 왜 비효율적인가

어느 나라든 정부나 공기업 등 공공부문은 민간기업보다 불친절하고 비효율적이다. 늦은 민원 처리, 이용객 적은 지방공항 시설, 연말의 잦은 보도블록 교체 등 서비스 부족과 예산낭비 사례는 매번 반복해서 지적된다.

정부나 공기업의 비효율은 우리만의 문제는 아니며 세계 각국이 비슷한 문제를 안고 있다. 그 원인은 무엇일까. 공무원은 본래 자질이 부족하고 책임감도 없으며 도덕적으로 문제 있는 사람일까. 사실은 그 반대다. 공무원의 능력이나 학벌도 민간기업 못지않게 우수하고 도덕심이나 정의감도 민간인보다 강하다. 그런데도 정부가 비효율적인 것은 민간부문과 다른 시스템 때문이다.

예를 들면 2006년 1월 말 기준 기획예산처는 과장급 이상 105명 중 석사학위 소지자가 67명, 박사학위 소지자가 22명이다. 그중 외국대학원 출신은 각각 57명, 22명이었다. 학력만 보면 국내 어느 기관과 비교해도 손색없는 우수한 집단이다. 그렇다면 무엇이 정부를 비효율적으로 만드는가.

주인정신 부족한 공공부문

회사원이 열심히 일하는 것은 공무원보다 도덕적으로 더 훌륭해서가 아니라 열심히 일하도록 누군가 챙기는 힘이 정부보다 강하기 때문이다. 민간기업은 주인이 있어 기업의 이익 극대화를 위해 열심히 챙기지만 정부는 장관이나 도지사, 시장, 공기업 사장이 있으나 직원을 챙기는 면에서 기업오너와 비교할 수 없다.

기업오너는 봉급에 비해 수익에 기여하지 못하는 직원은 그대로 두지 않으려 한다. 과잉인력 정리는 비용감소로 이어져 이익을 증대시켜 자기에게 도움이 되므로 열심히 감독한다. 그러나 공무원은 조금 한가한 직원이 있더라도 이를 정리할 인센티브가 없다. 직원 인건비가 줄어도 내 봉급이 올라가는 것이 아니며 오히려 정리 과정에서 인심만 잃는다.

즉 주인으로서 인센티브가 별로 없으므로 열심히 경비를 절감하거나 이익을 낼 필요가 적다. 공공부문의 진정한 주인은 국민이다. 국민이 일일이 견제할 수 없어서 국민을 대신해 공무원을 감시할 많은 기관을 두고 있으나 이것 또한 한계가 있다. 기관장이 직원을 감독하고 감사원이 정기적으로 감사한다. 국회가 행정부를 견제하고 언론이나 시민단체가 주인인 국민을 대리해 정부나 공기업을 감시·감독한다.

그러나 장관, 공기업 사장, 감사위원, 국회의원, 언론인 누구도 기업의 오너가 주인정신을 갖고 챙기는 것에 비하면 열정이 못 미친다. 어

떤 공기업 사장이 긴축경영을 해 이익을 많이 내는 과정에서 노조의 무
리한 봉급인상 요구를 들어주지 않고 국회나 관련 상급기관의 부탁을
거절하면 그들이 그 공기업 사장을 칭찬할까. 기관장 평가가 나쁠 확률
이 높다. 따라서 이른바 '대리인 문제'•가 발생한다. 즉 주인인 국민을
대신해 정부를 견제하는 역할을 하는 기관도 주인 노릇을 못하는 경우
가 많은 게 현실이다.

자본주의와 공산주의의 체제 경쟁에서 시장경제를 활용한 자본주
의가 우월함은 오늘날 중국과 러시아가 시장경제로 전환한 것을 보아
도 자명한 사실이다. 자본주의의 강점은 사유재산권 확립에 따른 강한
인센티브로 각자 열심히 일하게 하는 데 있다.

중국이 마오쩌둥 때에는 수천만 명이 굶어 죽다가 덩샤오핑 이후에
는 빠른 경제성장을 이룩한 차이는 무엇인가. 마오쩌둥의 집단농장 시
대에는 열심히 일할 인센티브가 없다가 덩샤오핑 시대에 사유재산권이
확립되니 열심히 일하게 된 것이 근본적인 차이다.

윌리엄 번스타인은 《부의 탄생 *The Birth of Plenty*》에서 인류가 물
질적으로 발전하게 된 요인을 네 가지로 분석했다. 그중 인간의 인센티
브 욕구를 잘 반영하는 사유재산권 확립이 가장 중요하다고 주장했다.
나머지로는 과학적 합리주의, 자본시장 활성화, 수송 통신 발달이라고
언급했다.

● **대리인 문제** 경제행위를 위임하는 자를 주인이라 하고 위임받는 자를 대리인이라 한다(예: 주주와 전문 경영
인). 대리인은 주인과의 계약을 성실히 이행해야 하지만 대리인의 노력을 정확히 평가하기가 어렵고 그에 따라 보
상도 적절하게 안 되는 경우가 많다. 그 결과 대리인은 자신의 이익을 위해 주인의 이익을 해치는 행위도 하게 되
는데, 이런 상황을 대리인 문제라고 한다.

2008년 현재는 민간기업에 아웃소싱을 하고 있지만 몇 년 전 과천 정부종합청사의 식당을 공무원연금관리공단이 직접 운영할 때이다. 자장면 등을 취급하는 식당은 내부가 99~132㎡로 별로 크지 않았다. 식당 입구에서 한 직원이 식권을 판매하고 4~5m 옆에 배식하는 곳에서 직원 한 사람이 식권을 회수했다.

토요일 12시 40분경에 가니 자장면 재료가 떨어졌으니까 다른 곳으로 가라고 했다. 그 다음 주에도 비슷한 시간에 가니 또 재료가 떨어졌다고 하며 청소를 시작했다. 그래서 매번 12시 40분경에 재료가 떨어지니 준비를 더하면 좋지 않느냐고 했더니 직원이 "남으면 선생님이 다 드실 건가요"라고 했다.

두 명이 할 일을 한 명이 하고 조금 신경 쓰면 서비스를 잘해 매출을 올릴 수 있지만 그렇게 할 인센티브가 없기 때문에 열심히 하지 않는다. 당시 필자가 직원들에게 옛 소련이 왜 망했는지 알려면 구내식당에 가 보면 안다고 농담한 기억이 있다.

예를 더 들면 정부가 국민은행을 소유하고 있을 때 증권시장이 호황이라 유상증자를 하게 되었다. 이때 정부는 증자 참여를 포기하는 게 관례였다. 당시 민간인 주주들은 증자가격이 시가보다 할인된 상태여서 유상증자에 참여했는데 정부만 실권했다.

필자가 담당 공무원에게 왜 실권했냐고 물으니 국민은행은 어차피 민영화할 터인데 자연스럽게 정부 지분이 낮아지는 게 좋지 않느냐고 했다. 정부도 유상증자에 참여하고 나중에 주식을 팔면 국고에 도움이 될 터인데 귀찮게 그럴 필요가 없다는 것이었다. 당사자가 자기 주식이라면 그럴 리 없었을 것이다.

1990년대 공기업을 개혁할 때 고속도로 휴게소 운영권을 수의계약 형식으로 기존 사업자에게 주던 방식에서 공개입찰로 바꾸었다. 그 결과 모든 휴게소 운영 수입이 크게 늘었고 일부 휴게소는 종전보다 몇 배나 늘어났다. 관련 담당자들은 왜 운영수입을 올리려 하지 않았을까. 자기가 주인이었어도 수의계약으로 낮은 운영수입을 받아들였을까. 모든 것이 주인정신 부족에서 비롯된 것이다.

경쟁도 도산 염려도 없는 공기업

정부부문이 비효율적인 것은 주인이 없는 것뿐만 아니라 민간기업 같은 치열한 경쟁도 없고 부실해도 도산할 염려가 없기 때문이다. 최근 외국에서는 지방자치단체가 재정악화로 파산하는 경우가 있으나 민간기업과 달리 없어지는 것은 아니다.

우리나라는 지방자치단체는 물론이고 공기업도 파산할 가능성이 극히 희박하다. 주인의 견제가 없고 경쟁 압력이 없으니 행정이나 경영이 느슨할 수밖에 없다. 공기업이나 정부산하기관은 정부기관보다 도덕적 해이가 심한 곳이 많다. 공기업은 근로자 복지가 민간기업보다 후한 경우가 많다. 일정 수익이 독점적으로 보장되고 적자가 나면 각종 정부지원으로 보전하므로 악착같이 경비를 절감할 이유가 없다.

공기업이 부채가 막대하더라도 경영자나 근로자 모두 이를 심각하게 생각하지 않는다. 부채문제가 심각해지면 국가가 지원하거나 요금 인상 등으로 해결하면 된다고 생각한다. 오래전이지만 건설회사 '한양 이 많은 아파트를 건설하는 중에 부도가 났다. 당시 정부는 소비자를 보호하기 위해 주택공사에게 한양을 인수하게 해 진행 중인 공사를 마치게 했다. 그 결과 한양은 주택공사의 자회사로 편입되었는데, 주택공사가 많은 혜택을 주었는데도 한양은 적자를 면하지 못해 결국 매각되고 말았다.

주택공사가 채권은행단에서 한양을 인수할 때에는 한양의 부실을 채권은행단이 부담하고 주택공사는 손해를 보지 않는 조건이었다. 그 후 주택공사가 한양을 경영하는 과정에서 새롭게 적자가 발생해 누적적자가 약 6,000억 원에 달했다. 이렇게 적자가 크게 난 것은 한양 인수 당시 적자요인을 제대로 챙기지 못했거나 그 후 경영이 부실했기 때문이다.

주택공사는 한양의 부실 때문에 적자가 엄청 많이 났는데 책임을 지는 사람도 없었고 경영상 큰 문제가 발생하지도 않았다. 주택공사가 민간기업인데 기업인수로 누적적자가 약 6,000억 원이 되었다면 도산했을 것이다. 예를 들면 민간기업인 대한통운은 보증관계인 동아건설 부도 때문에 우량회사였음에도 부실화되어 새 주인을 찾아야 했다.

전국에는 산업공단이 많이 있다. 그중에는 조성은 완료했으나 수십 년 동안 분양되지 않은 땅이 많다. 원인을 보면 경제성을 면밀히 따지지 않은 채 지역균형 발전이라는 명목으로 정치적으로 지정했기 때문이다. 그렇다고 토지공사나 관련 공기업이 망하지는 않는다. 수요가 없을 것으로 보이는 지역에 공단을 요구하는 정치인이나 이를 수용하는 관료나 공기업 임원 누구도 실패에 대해 책임지지 않는다.

경영마인드 낮고 비용개념 희박

공공부문에서 낭비가 많고 비효율성이 높은 것은 비용개념이나 경영마인드가 부족하기 때문이다. 기업에서는 아무리 매출이 늘어도 비용이 더 많이 들면 소용이 없다. 그러나 공공부문은 결과만 좋으면 비용은 따지지 않는 경우가 허다하다.

민간기업은 비용과 수익을 정확히 계산하므로 투자 효율성을 평가하기 쉽다. 하지만 공공부문은 비용과 효과를 정확히 비교·계량하기 어렵다. 방위력 증가, 범죄예방, 중소기업 지원, 환경보전 효과 등을 계산하고 이를 서로 비교하기는 사실상 불가능하다. 그러다보니 경제개념이 희박해져 비용은 상관없고 결과만 좋으면 된다는 의식이 많다.

올림픽, 월드컵, 엑스포에서 국민은 몇 나라가 참가했는지 결과에만 관심이 있고 비용이 얼마나 들었는지는 알지 못한다.

서울, 부산, 대구, 인천, 대전, 광주 등이 지하철을 운행한다. 모든 도시가 지하철 때문에 엄청난 부채를 안고 있으며, 서울을 제외한 나머지 도시는 적자 지속을 당분간 면하기 어려울 것으로 보인다. 지하철 운행과 동시에 운영적자로 재정 부담을 초래한다. 그 이유는 편리함만 강조해 경제성 검토 없이 건설했기 때문이다. 지하철을 유치하고 건설

[표 2-1] 지하철공사 부채현황(2006년)

(단위: 억 원)

서울	부산	대구	인천	광주	대전
5조 567	3,934	1조 803	3,408	70	30

을 시작한 지방자치단체장 등은 당시에는 박수를 받았겠지만 현재도 그런 평가를 받는지 모르겠다.

지방공항도 비용개념 없이 건설된 예다. 지방공항의 건설과 운영은 중앙정부 비용으로 한다. 지자체는 비용 부담이 없으니 너도나도 자기 지역에 공항을 건설해달라고 요구한다. 그와 같은 정치적 압력에 따라 건설된 지방공항이 개점휴업 상태가 되거나 승객이 너무 적어 정기항공편이 없어지기까지 했다. 예천공항, 양양공항이 그 예다.

국민도 공공부문 투자요구 시 경제성을 따져야 한다. 최근 경부고속철도 2단계인 대구~부산 구간 중 천성산 터널과 관련해 한 스님의 환경보전 요구로 2년 넘게 공사가 중단되었다. 일부 국민은 그 같은 환경보전에 공감하는 것 같다. 그러나 이 경우에도 스님이 요구하는 환경보전에 따른 기회비용을 생각해볼 필요가 있다. 스님의 요구대로 할 경우 조 단위의 기회비용이 발생한다.

환경보존의 궁극적 목적은 인간의 삶의 질 향상에 있다. 2008년 현재 단칸 셋방에 사는 등 최저주거기준 미달 가구가 300만 정도 있다. 몇 년 전에 구로구의 영세민 밀집촌에 가보았다. 마을 전체가 간이 공동화장실을 이용하고 골목마다 취사용 가스통이 나와 있어 통행이 어려울 정도였다. 환경에 관심 있는 사람들은 그 문제가 가장 중요하다고 생각하겠지만, 정부는 같은 예산으로 열악한 쪽방에 살거나 치료비가 없이 죽어가는 서민 중 어디에 먼저 분배할지 고민해야 한다.

기업이 어디에 투자해야 이익이 가장 많이 날지 고민하듯 정부는 같은 돈을 어디에 분배하는 것이 국민에게 가장 도움이 될지 따져야 한다.

환경보전이 중요하다는 점을 인식하지만 효과 대비 비용을 생각해야
한다. 국가 재원이 넉넉지 못 해 영세민 임대주택 지원도, 서민의 암 진
료 지원도 제대로 못하면서 도롱뇽을 살리는 데 수조 원을 쓸 수는 없다.

기회비용 개념과 관련해 예를 더 들자. 정부는 가끔 모내기 지원, 각
종 결의대회 등에 인력을 동원한다. 그럴 때 행사에 직접 관련된 장소
사용료, 음향기기 임대료 등만 비용으로 생각하고 동원되는 사람들이
일을 못하게 되는 기회비용을 별로 생각하지 않는 경향이 있다. 민원서
류 담당직원이 모내기로 차출되어 공장 인·허가가 하루 늦어지면 모
내기 지연보다 훨씬 더 큰 국민적 손실이 발생한다.

철도공사는 2006년 현재 5조 6,000여억 원의 부채가 있다. 그 원인
은 많은 노선이 적자를 보기 때문이다. 민간기업이 구조적으로 적자가
나면 노선 폐쇄 등 특단의 경영개선 대책을 추진했겠지만 정부는 국민
의 교통권 보장이나 지역 균형개발 차원에서 함부로 노선을 조정하지
못한다. 그러나 잘 생각해보면 적은 비용으로 같은 효과를 낼 방법이
있다.

예를 들어 인구가 적은 시골역에서 1년에 수십억 원씩 적자가 난다.
이 경우 주민의 교통편의를 위해 철도공사가 1~2억 원을 들여 고급 리
무진 버스와 운전기사 비용을 부담해 주민이 무료로 이용하게 하고 그
노선을 폐쇄하는 것이 훨씬 비용이 절감된다.

조달청에 근무할 때이다. 지방의 조달청 비축창고를 방문하던 중 창
고 한 구석에 쌓인 어떤 원자재의 입고일자를 보니 10여 년 전으로 기록
되어 있었다. 왜 그렇게 오랫동안 보유하는지 물어보니 그 원자재를 구
매한 후 가격이 떨어져 팔지 못한 채 세월이 흘렀다고 한다. 구매 당시

가격으로 오를 가능성이 있는지 물어보니 값싼 대체품이 나와서 그 당시 가격으로 오를 가능성이 없다고 했다. 왜 팔지 않느냐고 물으니 팔아서 손해 보면 감사에서 문제되지만 그냥 갖고 있으면 괜찮다고 설명했다. 당시 경영감각 없는 감사원 감사가 국고를 낭비한 결과이다(그 후 김경섭 청장 재직 때 감사원과 협의해 팔았다고 한다).

합법성이 합목적성보다 우선

정부 등 공공기관은 일처리에서 무엇보다 합법성을 중요시한다. 이는 법치주의를 시행함으로써 국민에게 예측가능성을 주고 행정의 투명성과 함께 공무원의 자의적인 행위를 방지하며 부정부패를 예방하기 위함이다. 따라서 공무원은 관련법령을 숙지하고 준수해야 한다.

문제는 공무원 등이 업무집행 과정에서 법령 준수가 목적이 되어 그런 규정이 왜 존재해야 하는지 잊어버리는 경우가 많다. 국민을 위해 법령이 존재하는데, 여건 변화 등으로 법령을 그대로 적용하는 것이 불편해지면 조속히 개정하거나 법령의 범위에서 최대한 신축적으로 운영해야 한다. 그런데 무조건 규정대로만 하는 경우가 많다.

필자가 공정거래위원회에 근무할 때다. 당시 공정거래법에 따르면 기술도입, 외국인 투자 등 각종 국제계약을 체결할 때는 공정거래법상 불공정 거래내용이 없는지 공정거래위원회의 사전 검토를 받게 되어 있었다. 어떤 회사가 외국에서 기술을 도입할 때 기술도입 계약에 기술을 공여하는 외국기업이 이미 진출한 특정국가에는 도입한 기술을 이용해 만든 제품을 수출할 수 없게 되어 있다면 그 계약 내용은 불공정한 계약이므로 공정거래위원회는 시정명령을 할 수 있었다. 따라서 담당 직원은 그 같은 내용이 포함된 계약은 불공정 계약이므로 계약을 수정 하도록 관련 기업에 1년에 수백 건씩 시정명령을 내렸다.

당시 필자는 담당과장이었는데, 기업은 대부분 그런 경우 시정명령 을 내리지 말고 당초 계약서를 그대로 승인해달라고 했다. 담당직원에 게 문의하니 공정거래법에 불공정한 국제계약을 체결하지 못하도록 되 어 있기 때문에 법을 엄정하게 집행하는 차원에서 시정명령을 내려야 한다고 주장하며 그동안 그렇게 했다고 했다.

이에 대해 불공정한 내용의 국제계약을 맺는 기업은 자기들도 불공 정한 국제계약을 체결하고 싶지 않으나 일부 불공정한 계약 내용을 감 수하지 않을 경우 필요한 기술을 도입할 수 없기 때문에 더 큰 이익을 위 해 할 수 없다는 것이었다. 그러므로 공정거래위원회가 불공정계약 내 용을 시정하라고 하면 계약이 취소되거나 이면계약 등 다른 형태로 대 가를 지불해야 하므로 자기들에게 도움이 되지 않는다는 것이었다.

당초 공정거래법에 불공정한 국제계약은 금지하도록 한 법의 취지 는 경쟁질서 확립 외에 국내기업을 보호하는 것이었다. 그런데 경직된 법운용으로 그 조항이 국제계약을 체결하려는 국내기업의 원성의 대상 이 되었다. 다행히 국민경제를 위해 부득이한 경우에는 불공정한 국제 계약이라도 허용한다는 단서조항이 있었다.

따라서 기업이 공정거래위원회의 시정명령을 이용해 계약조건을 개선하려 할 경우에만 시정명령을 내렸다. 또 공정거래위원회가 시정 명령을 내려도 계약조건 개선 가능성도 없고 오히려 부담만 된다고 생각해 그대로 승인을 원하는 때에는 시정명령을 내리지 않게 신축적으로 운용했다. 이렇게 제도를 개선하니 1년에 수백 건씩 들어오던 부탁이 없어져 힘쓸 일도 없고 업무 실적도 그만큼 줄어들어 갑자기 일하지 않고 노는 것 같았다. 아울러 감사원에게서 기업의 부탁을 받아 불공정 거래계약을 눈감아준다는 오해를 받기도 했다.

또 다른 예를 들어보자. 그린벨트 지역에 나무도 없는 빈터가 있는데 야간에 택시 주차장으로 활용할 수 있게 허용해달라는 민원이 있었다. 필자가 담당자에게 문의하니 허가할 수 없다고 했다. 왜 허가하지 못하느냐고 물으니 관련법에 어긋난다는 것이었다. 당시는 그린벨트 규제를 완화해 비슷한 경우에 건축도 허용하는 분위기였는데, 관련 규정이 제대로 정비되지 않은 상태에서 그런 일이 일어난 것이었다.

담당자는 왜 허가할 수 없는지 논리는 생각하지 않고 법률에 어떻게 규정되어 있는지만 검토하고 대답했다. 그 법령을 누가 만들었느냐고 물으니 결국 자기 과에서 만든 법이었다. 자기 과에서 만든 법이 합리적인지는 따지지 않고 단순히 법령 위배 여부만을 따지는 우스운 일이 벌어진 것이다.

이와 같이 어떤 법령이 왜 만들어졌는지는 생각하지 않고 법령을 금과옥조로 삼는 일은 개선해야 한다. 이런 예는 예산 집행 과정에서도 흔히 발생한다. 예를 들면 미술관이나 도서관을 지을 때 가장 중요한 것은 장소와 시설구조가 수요자인 국민이 쉽게 접근하고 편리하게 이용할 수 있어야 한다. 그러나 현실적으로 예산 절감을 이유로 수요자는 불편하더라도 땅값이 싼 곳을 선정한다. 규정이 불합리하더라도 규정을 제대로 지켜 뇌물을 먹지 않고 건물만 지으면 담당공무원은 임무를 훌륭히 수행한 것으로 평가된다. 이는 또한 재임 중에 도서관 몇 개를 신설했다는 식으로 활용되기도 한다.

감사원 감사도 수요자 위주로 건물을 짓기 위해 정부의 회계규정을 일부 위반하면 추상같이 처벌하지만 법대로만 하면 건물의 활용도가 떨어지더라도 크게 문제 삼지 않는 경향이다. 과천 어린이대공원 부근에 미술관이 있다. 일반 국민이 접근하기 어려운 곳에 미술관을 지었다. 예산을 절감하고 규정대로 지었지만 이용자가 별로 없는 현재 미술관과 당초보다 예산이 더 들더라도 사람이 많이 이용하는 미술관 중 어느 것이 국가적으로 잘한 것인가.

정확한 평가의 어려움

주인정신이 부족하고 경쟁 압력이 작더라도 평가만 정확하게 한다면 그에 따라 상벌을 줄 수 있어 좋은 서비스를 공급할 수 있다. 하지만 현실적으로 공공부문은 목표가 다양하고 계량화하기도 어려우며 관련 기관도 많아 정확히 평가하기가 무척 어렵다. 최근 평가기법이 많이 발전한 것은 다행스럽지만 정확한 평가는 구조적으로 어려운 게 현실이다.

평가하기에 목표가 복잡해서

민간기업은 이익만 많이 내면 된다. 그러나 정부나 공기업은 목표가 다양하다. 경제부총리는 경제성장률과 함께 물가안정, 국제수지관리 등을 함께 고려해야 한다. 경제성장과 물가안정은 때로는 상충된다. 국제

원유가격이 올라 경제가 어려워지면 경제부총리의 성적표는 나빠진다.

기획재정부는 무슨 지표로 평가할까? 재정수지로 평가해야 하는가, 예산을 어떻게 배분하면 잘한 것인가, 복지예산을 늘리면 잘한 것인가, 도로예산을 늘리면 잘한 것인가. 공정거래위원회는 무엇으로 평가할까? 독과점규제 건수가 많으면 잘한 것인가, 시장이 경쟁적으로 되어 있어 규제 건수가 적으면 잘못한 것인가.

공공기관의 평가도 간단하지 않다. 국회에서 신용보증기금 정책을 질의할 때 일어난 에피소드다.

한 해에는 어느 의원이 신용보증기금의 보증을 받은 기업이 부도가 많이 나 대위변제●가 너무 많다고 지적하면서 국민의 혈세를 마구잡이 보증을 위해 낭비하면 되느냐고 질책했다. 그 다음 해에는 대위변제율이 많이 개선되었다고 보고하자 또 다른 의원이 신용보증기금의 대위변제율이 낮은 것은 너무 우량한 기업에만 보증해주어서 그런 것 아니냐면서 신용보증기금이 무엇 때문에 존재하느냐고 호통을 치는 모습을 보았다.

이럴 경우 신용보증기금 이사장은 어떻게 해야 할까? 영리한 이사장은 대위변제율이 높으면 과감하게 중소기업 지원을 하다보니 그렇게 되었다고 대답하고, 대위변제율이 낮으면 국민의 세금을 아끼기 위해 노력해서 그렇다고 대답하면 된다. 결론적으로 공공부문은 평가지표 선정이 민간부문에 비해 어려워 세심한 주의가 필요하다.

● **대위변제** 보증인이 채무자를 위해 부채를 대신 갚아주는 행위로, 예를 들어 신용보증기금이 자신이 보증한 중소기업의 부채를 대신 갚아주는 경우가 있다.

여러 기관이 관여되어 책임소재 가리기 어려워

사회적 관심사인 아파트 가격 문제를 보자. 아파트 가격은 근본적으로 수요와 공급에 따라 결정되는데, 많은 전문가가 저금리로 갈 곳 없는 부동자금이 수요를 촉발한다고 지적한다.

즉 한국은행의 금융정책에 원인이 크다고 지적한다. 혹자는 입시제도가 강남의 집값을 올린다고 한다. 행정안전부의 재산세와 기획재정부의 양도소득세에 문제점이 있다고도 한다. 또 국토해양부의 주택공급제도, 분양제도, 재건축제도에 문제점이 있다고도 한다. 즉 여러 기관이 관여되어 있어 누구의 책임이라고 단정 짓기 어렵다는 말이다.

요즘 중소기업이 어렵다고 하는데 지식경제부가 잘못한 것인가. 중소기업의 경영난에는 노사문제, 임금문제, 자금난, 공장 용지난 등 많은 문제가 얽혀 있다. 어느 한 부처가 해결하기 어려운 실정이다.

공기업의 예를 보자. 도로공사가 나름대로 경영개선을 해도 장기간 통행료를 동결하면 경영수지가 개선되기 어렵다. 반대로 방만한 경영에 따른 부실을 통행료를 인상해 감출 수도 있다. 토지공사는 산업단지를 건설할 때 경제성이 낮은데도 정부 지시에 따라 지역 균형발전 차원에서 건설하는 경우가 있다. 이 경우 분양이 잘 되지 않으면 경영성과가 나쁘게 나타나므로 토지공사로서는 억울할 수밖에 없다.

얼마 전 기술신용보증기금이 과거 프라이머리 CBO 보증으로 인한 부실로 기금이 심하게 잠식되자 책임론이 제기되었다. 일부에서는 정부가 원칙을 결정하고 기술신보는 집행만 했다고 했다. 일부에서는 기술신보의 책임이라고 했다. 그러다보니 책임공방이 있었다. 최근에는 대통령 직속 여러 위원회가 주로 의사결정을 한다. 과거에도 많은 위원회가 중요한 결정을 했다. 경제장관협의회는 부실기업 정리 같은 중요한 사항을 결정했다. 이런 위원회의 특징은 여러 기관이 참여해 의사결정을 신중하게 한다는 면도 있으나 한편으로는 책임을 분산하는 편리한 기능도 있다.

잦은 인사로 책임 소재 알기 어려워

어떤 정책이나 사업을 제대로 평가하려면 한 사람이 일관성 있게 정책을 입안하고 추진해야 한다. 정책이나 사업추진 과정에 담당자가 바뀌어 여러 사람이 참여했다면 잘못되었을 경우 누구 책임이라고 할 수 없다. 또 전임자 또는 후임자가 잘못해도 함께 누명(?)을 쓸 경우도 있다. 우리나라는 장관 재임기관이 1~2년에 불과하다. 이와 같이 짧은 재임기간으로 그들의 업적을 평가하기는 무리다.

예산이 수반되는 정책이나 사업을 예로 들자. 보통 연말이나 연초에 개각하면 그 분야에 오래 종사한 전문가가 아니면 업무를 파악하고 나름대로 구체적인 정책을 수립하느라 상반기를 보내게 된다. 그런데 다음 해의 예산 요구는 예산회계법에 당년 5월 말까지 예산당국에 하도록 되어 있다. 다행히 그 기간에 구체적인 아이디어가 수립되면 다음 해 예산안에 반영하지만 그 뒤 제기되는 재정사업은 그 다음 해에 예산을 요구해 국회 심의에서 확정되면 다음다음 해에 집행하게 된다.

장관 첫해는 전임자가 편성한 예산을 그대로 집행하고 자신이 1년 업무를 수행하면서 느낀 정책은 3년차에 집행하게 된다. 1년 만에 그만두면 전임자가 편성한 예산을 집행하다가 가는 셈이다. 법안 구상에서 국회통과까지도 시간이 많이 걸린다. 법령 개폐의 필요성이 제기되면 입법예고, 각 부처 합의, 법제처 심사, 국무회의의 심의를 거치는 데 적어도 몇 달 또는 1년 가까이 걸린다. 그 후 국회 심의에 시일이 소요되고, 다시 시행령 제·개정 등을 거치면 장시간 소요된다.

이처럼 예산편성 집행과 법령 제·개정 등에 시일이 많이 걸리므로 장관이 자신의 정책을 추진하고 평가를 받으려면 시간이 필요하다. 그런데 현실은 그렇지 않아 정부 고위직의 임기가 너무 짧다. 장관 등 기관장 임기가 1~2년에 불과하니 그에 따라 실·국장 등 중간관리자도 재임기간이 짧게 된다. 장관이 바뀌면 관례로 간부 인사를 하게 된다.

미국 정부가 우리나라 항공안전 등급을 낮추어서 국제 신인도가 떨어진 사건이 있었다. 미국 정부가 사전에 경고했는데도 정부가 왜 이를 예방하지 못했는가 하고 언론과 국회에서 질책이 심했다. 미국 정부의 문제 제기부터 안전등급 인하까지 2년여 동안 건교부 장관이 5명, 담당 항공국장이 5명이나 바뀌었다. 이런 상황에서는 일을 제대로 챙기기도 어렵다. 누구에게 책임을 물을 수 있을까.

정부 정책은 대부분 입안에서 집행을 거쳐 효과가 나타나기까지 시간이 많이 걸린다. 그런데 국민이나 언론의 평가는 당시 상황을 당시 책임자의 업적으로 평가하는 경향이 있다. 올해 수출이 잘 되면 현재 장관이 잘한 것으로, 올해 경기가 안 좋으면 올해 경제부총리가 잘못한 것으로 평가한다. 물론 재임기간이 얼마 안 되었다고 정책 결과에 책임이 전혀 없다고는 할 수 없다. 그러나 전적으로 책임을 묻기에는 불합리한 면이 많다. 우리나라는 장관의 임기가 짧아서 전임자의 정책

[표 2-2] 건설교통부 역대 장관 임기 비교표

	성 명	재임기간	임 기
제 1 대	오 명	1994년 12월 24일 ~ 1995년 12월 20일	약 12개월
제 2 대	추 경 석	1995년 12월 21일 ~ 1997년 03월 05일	약 15개월
제 3 대	이 환 균	1997년 03월 06일 ~ 1998년 03월 02일	약 12개월
제 4 대	이 정 무	1998년 03월 03일 ~ 1999년 05월 23일	약 14개월
제 5 대	이 건 춘	1999년 05월 24일 ~ 2000년 01월 13일	약 8개월
제 6 대	김 윤 기	2000년 01월 14일 ~ 2001년 03월 25일	약 14개월
제 7 대	오 장 섭	2001년 03월 26일 ~ 2001년 08월 21일	약 8개월
제 8 대	김 용 채	2001년 08월 22일 ~ 2001년 09월 06일	약 1개월
제 9 대	안 정 남	2001년 09월 07일 ~ 2001년 09월 28일	약 1개월
제 10 대	임 인 택	2001년 09월 29일 ~ 2003년 02월 26일	약 17개월
제 11 대	최 종 찬	2003년 02월 27일 ~ 2003년 12월 28일	약 10개월
제 12 대	강 동 석	2003년 12월 29일 ~ 2005년 03월 28일	약 15개월
제 13 대	추 병 직	2005년 04월 01일 ~ 2006년 11월 15일	약 19개월

출처: 건설교통부

으로 현직이 평가받고 현직의 정책으로 후임자가 평가받는 시스템이다. 이를 두고 어떤 이는 전임자 복이 있어야 한다고 말한다.

얼마 전 쌀 개방 확대로 농림부장관이 농민들에게 비판을 많이 받았다. 이 문제는 1990년대에 WTO협상 결과 2004년 이후에는 쌀 개방 확대가 불가피한 상황이었다. 그런데 전임자들이 농민의 인기를 의식해 일본, 대만은 쌀값을 인하하는데도 우리나라만 쌀 수매가격을 인상해 오늘날 쌀 개방의 충격을 더 크게 한 요인이 크다. 따라서 책임을 져야 하는 사람은 칭찬받고 물러나 있고 그 과정에 별로 관여하지도 않은 사람이 비난을 받는 모양새가 되었다.

몇 년 전에 완공된 대형 국책사업이 두 개 있다. 인천국제공항과 경부고속철도다. 인천국제공항은 당초계획에 따라 큰 무리 없이 성공적으로 개항한 반면 경부고속철도는 사업비, 사업기간 등이 수정되면서 상대적으로 문제가 많이 제기되었다. 그 원인은 여러 가지이지만 필자 생각으로는 책임자의 임기와 관련이 있다고 본다. 인천국제공항은 시작부터 개항까지 강동석 전 건교부장관이 혼자 책임지고 추진했다. 반면 경부고속철도 공단은 공사 기간에 이사장이 6명이나 교체되었다. 이렇게 책임자가 자주 교체되다보니 책임감도 떨어지고 사업의 일관성도 떨어질 수밖에 없다.

미국은 대통령 임기 중 각 부처 장관 자리에 1~2명이 재직한다. 클린턴 정부 8년 동안 재무부장관은 루빈이 6년여 재직하고 마무리를 서머스 차관이 승진해서 재직했다. 부시 행정부 때도 첫 4년 동안 외교정책을 파월이 담당하고 재선 이후에는 안보보좌관이던 라이스가 이어받아 일관성을 유지하고 있다.

경제대통령이라는 연방은행제도이사회 의장은 1987년 공화당의 레이건 대통령이 그린스펀을 임명한 후 민주당 클린턴 대통령 8년 동안 연임하는 등 2006년에 물러날 때까지 약 19년 동안 재임했다. 참고로 윌리엄 맥마틴은 1951년에서 1970년까지 20년 동안 연방은행제도이사회 의장으로 재임했다.

민심 달래기용 또는 국면 전환용 인사 관행은 시정해야 한다. 우리나라는 대형사건이나 사람이 사망한 사건이 나면 관계자 문책이 거론된다. 공직자들에게 경각심과 책임감을 고취한다는 점에서 문책은 필요하다. 그러나 지휘 책임이 분명하지 않은 상태에서 사건이 크다고 기관장을 무조건 문책하는 것은 재고해야 한다. 인명피해가 큰 철도 사고가 나서 재임기간이 얼마 되지도 않은 교통부장관이 바뀐 적이 있다.

철도청이 비록 산하기관이지만 외청으로 독립되어 있고 청장도 있다.

그런데 철도차량 정비나 기관사 교육과 관련된 사고에 장관이 일일이 책임져야 하는가. 기관장이더라도 모든 것을 감독하고 관여하는 것은 아니다. 조직에서는 많은 부분을 중간관리자에게 위임한다. 평소에 보고받지도 감독하지도 않은 일에 책임을 묻는 일은 신중해야 한다.

미국의 예를 보면 2001년 9월 11일에 엄청난 테러 사건이 발생했음에도 책임을 지고 물러난 고위직이 없다는 점은 우리에게 시사하는 바가 크다. 반면에 닉슨 대통령은 도청지시 사건으로 대통령직에서 물러났다. 이로써 단순히 분위기 쇄신용으로 누군가를 속죄양으로 삼는 것이 아니라 책임질 일을 했는가에 따라 책임을 묻는 사회라는 점을 알 수 있다.

이해관계자의 잘못된 평가도 많아

공기업 사장을 역임한 분의 이야기다. 취임해 업무를 파악해보니 방만한 인력이 많아 구조조정을 했다. 그 과정에서 노조의 반발을 사게 되고 노조는 사장의 약점을 잡으려고 했다. 사장은 노조에게 약점을 잡히지 않으려고 관행적으로 하던 변태 지출*이나 비자금 조성도 하지 않았다. 그러니 관련 국회 상임위원회 의원 후원금도 잘 안 내게 되고 주무부처, 출입기자, 정보기관 직원 지원도 전임자에 비해 소홀해질 수밖에 없었다.

이런 과정에 노조와의 문제가 지속되니 아무도 그 사장을 좋게 평하

---

* **변태 지출** 당초 용도와는 다른 목적으로 하는 지출을 지칭한다. 공무로 출장을 간다고 한 후 실제로는 사적인 여행을 가는 경우가 이에 해당한다.

지 않고 어떤 계기에 도중하차하고 말았다. 반대의 경우가 있다. 일부 변태 지출을 하거나 비자금을 조성해 노조, 관련기관의 인사에게 인심을 쓰면 다소 문제가 발생하더라도 잘 수습되며 일 잘하고 사람 좋다는 평가를 받는다. 진정한 주인인 국민에게 봉사하기보다는 감독기관이나 이해관계자에게 잘하면 좋은 평가를 받는 경우가 많다.

언론기관에서 부처별로 일 잘한 장관을 그 부처 이해관계자, 직원을 상대로 인기투표식으로 조사하는 경우가 있다. 대체로 유능한 분이 높은 평가를 받지만 때로는 아닌 경우도 있다. 쌀 개방이 확대될 것으로 예상되는데도 쌀에 대한 지원을 확대해 농가소득 중 쌀 소득의 비중이 줄지 않았다. 그 결과 오늘날 쌀 개방 확대에 따른 충격은 커졌는데 이런 정책을 추진한 당시 농정 당국자는 농민들에게 호평을 받고 있다. 이런 평가는 공정한가.

열심히 한 데 대한 인센티브 부족

객관적인 평가가 어려워 상벌도 분명하지 않을 때가 많다. 기업에서는 이익을 많이 내는 데 기여하면 스톡옵션이나 특별상여금으로 보상이 뒤따르나 정부는 보상이 별로 없다. 금전적인 경우에 예산을 절감하거나 수익을 특별히 올리면 보상하는 제도가 있으나 예산을 절감하면 다음 해에 당해 예산이 삭감되기 때문에 신청을 꺼리게 된다. 필자가 근무할 때 예산을 절감하거나 국가수입을 더 올리면 1인당 최고 2,000만 원까지 포상하도록 제도화했는데 기대만큼 활성화되지 않은 것 같다.

인사에서도 연공서열 관행이 강해 대단한 능력이나 업적이 아니면 큰 혜택을 보는 경우가 거의 없다. 특별히 비리를 저지르지 않는 한 도중에 해임되지도 않는다. 국가 전체의 이익을 위해 비효율적인 인력이나 예산을 줄이면 조직원이나 이해관계자의 반발을 사는 경우가 많다. 어떤 조직의 권한이나 인원, 예산을 줄인 기관장은 좋은 평가를 받지 못한다. 이런 경우 국민은 제대로 평가하는가.

현직에 있을 때 금전적 보상이나 인사상의 보상이 없어도 나중에 자기가 한 일에 대한 평가라도 제대로 받으면 열심히 일한 보람이 있을 것이다. 그런데 현실은 기록도 제대로 남아 있지 않고 전문가에 의한 평가 관행도 없는 실정이다.

그렇다면 공무원 성과보상금은 잘못된 것인가. 공무원이 새로운 아이디어를 내 예산을 절감하거나 세입을 늘리면 1인당 2,000만 원 한도로 성과보상금을 줄 수 있게 되어 있다. 이는 창의적인 공무원에게 인센티브를 줌으로써 공직사회에 혁신 분위기를 조성하는 데 목적이 있다. 그런데 이 제도에 비판적인 여론이 없지 않다.

2006년 성과보상금으로 23억 원이 집행되었는데, 이를 두고 일부에서는 공무원의 예산절감은 당연한 의무이므로 보상금을 줄 필요가 없다고 한다. 당위론으로는 맞는 이야기다.

그러나 인센티브가 없다면 무엇 때문에 개혁하려 하겠는가. 민간기업은 직원이 이익창출에 크게 기여하면 특별상여금을 준다. 따지고 보면 민간기업 직원도 회사에서 월급을 받으면 회사 이익창출을 위해 노력하는 것은 당연한데 왜 특별히 보너스를 주는가. 공무원의 성과보상금도 같은 경우로 이해해야 한다. 약간의 성과보상금으로 예산을 많이 절감하거나 세입이 늘어난다면 국민에게 이익이 아닌가.

기본 혁신 방향

정부 역할 과신은 금물

정부 역할은 시대여건에 따라 변했다. 애덤 스미스는 《국부론》[*]에서 '보이지 않는 손', 즉 시장기능을 강조하면서 정부는 국방·치안 등 최소한의 기능만 수행하고 경제활동 등에는 개입하지 말아야 한다고 했다. 반면에 케인즈는 적극적인 재정활동을 통해 경기 조절기능을 해야 한다고 했다. 또 영국과 북유럽 국가들은 '요람에서 무덤까지'라는 목표로 복지정책을 추진하고 이를 위해 높은 조세부담률을 유지했다. 이 같은 정책은 1970년대 저성장 고실업의 '영국병'을 초래했다. 당시 영국의 거리 모습을 묘사한 글이 있다.

●《국부론》 1776년 영국의 고전파 경제학의 시조인 애덤 스미스가 발간한 저서다. '보이지 않는 손'인 가격 기능과 경제적 자유주의 등을 강조했다. 애덤 스미스는 《국부론》으로 현대 경제학의 기초를 정립한 바 있다.

 최종찬의 新국가개조론

"오후 4시경이면 경영진과 근로자 모두 퇴근하느라 러시아워가 된
다. 그 이유는 경영진은 열심히 일해서 이익이 더 생겨도 소득세가 높
아 자기 몫으로 돌아오는 것은 적으므로 열심히 일할 필요가 없다. 근
로자는 실직해서 놀아도 실업수당이 현직 못지않게 많으니 열심히 일
할 필요가 없다." 이런 분위이기에서 1979년 대처 수상이 집권하면서
공기업 민영화, 규제완화, 과도한 복지의 축소, 작은 정부 시책을 추진
해 영국 경제가 회생했다.

1960~1980년대에 빠른 경제성장을 이룩하면서 전체적으로 생활수
준이 나아졌으나 지역별, 계층별 상대적 격차는 여전히 존재하고 1997
년 외환위기 이후 계층별 격차가 더 커졌다는 지적이 많다. 또 환경보
전이나 저소득층, 장애인 등 사회적 약자 배려 등에 대한 시민운동도 활
발해져서 이들은 정부에게 소득분배 개선 등을 위해 좀더 적극적인 역
할을 하라고 주문한다.

정부의 존립목적이 전체 국민이 골고루 잘살게 하는 것이라면 소득
재분배는 정부가 적극적으로 추진해야 한다. 그러나 정부의 형평, 복지
증진을 위한 시책이 효율성이나 기업의욕과 근로의욕을 저해해 전체
파이를 줄어들게 한다면 정부가 목표로 하는 저소득층의 삶의 질이 오
히려 더 나빠질 수 있다. 최근 정부의 적극적인 역할을 주장하는 사람
이 많은데 정부실패 요인이 또한 크다는 점을 인식해야 한다.

정부의 정보가 민간정보보다 정확하지 않아

과거에는 민간기업이 경영규모도 작고 관리능력도 부족해 정보수집
이나 판단능력 면에서 정부가 우월했다. 현재도 국가안보에 관한 사항

등 정보공개가 어려운 부분에서는 국가기관이 정보수집 면에서 우월한 편이나 경제정보 등은 대부분 공개되어 반드시 그렇다고 볼 수 없다.

예를 들어 경제정보에서 정부나 국책 연구기관인 한국개발연구원 KDI이 민간연구소보다 더 낫다는 보장이 없다. 인센티브 면에서는 기업이 정보를 더 열심히 수집할 것이다. 기업은 석유가격이나 환율, 부동산 가격 등 경제변수 변화에 따라 경영수지가 좌우되므로 그 같은 변수의 움직임이나 전망에 매우 민감하다. 반면 경제관료나 국책연구원은 기업보다 덜 민감하다고 볼 수 있다.

일본인이 쓴 기업소설 《불모지대》가 많이 읽힌 적이 있다. 이 소설은 종합무역상사에 관한 것이다. 중동전쟁이 언제 발발하고, 그 전쟁은 얼마나 오래 지속되고 누가 이길 것인지에 관한 정보를 수집하고 분석하는 데 기업들이 들이는 노력이 어느 국가 정보기관 못지않았다. 특히 요즈음은 대부분의 정보가 인터넷으로 널리 공개되므로 공무원의 판단이 더 낫다고 볼 수 없다.

예를 들어 석유화학, 철강, 자동차 등 대규모 자금이 들어가는 대형사업을 민간기업이 투자할 때 정부가 공급과잉 등을 이유로 억제한 경우가 많았다. 해당기업은 수익성이 있다고 생각해 투자하려 하는데 정부 당국자는 수익성이 없다고 규제했다. 이럴 경우 반드시 정부 판단이 옳다고 볼 수 있는가. 민간기업은 잘못 판단할 경우 엄청난 손해를 감수해야 하지만 담당공무원은 판단 잘못에 대해 어떤 책임도 지지 않는다. 이 경우 정부의 정보가 더 정확하고 정부의 판단이 더 정확하다고 볼 수 있는가.

상황을 인지하고 시책화해 집행하는 데 시차 있어

흔히 정부가 '뒷북행정'을 한다고 많이 비판한다. 특히 정부의 경기조기조절 정책의 경우 이런 현상이 발생한다. 경기가 불황이라고 아우성치면 통계로 나타나는 데 시간이 소요된다. 통계상의 지표로 나타나도 불황이 일시적인지, 구조적인지 등 요인분석에 시간이 소요된다. 그 결과 정부대책이 필요하다고 판단되면 정부에서 재정지출, 세금감액, 금리인하 등 무슨 대책을 세워야 하는지 논의에 또 시간이 소요된다.

세금감면이나 재정지출은 국회의 동의를 받아야 하는데, 이 과정에도 상당기간이 소요된다. 재정지출은 국회가 예산을 확정한 후에도 예산의 배정 절차와 입찰 등의 절차가 있어 시간이 많이 소요된다. 또 재정에 의한 경기부양대책은 도로, 항만, 건물투자 등에 집중되어 시급성이 떨어지는 사업 또는 비효율적인 투자가 될 가능성이 크다.

예를 들면 경기부양을 위해 재정지출을 늘리려면 추가경정 예산안을 편성해야 한다. 그런데 적어도 5월 이전에는 추가경정 예산편성이 곤란하다. 경기부양이 시급하더라도 예산안이 전년 12월에 확정되었는데 몇 달도 지나지 않아 정부가 국회에 추경 예산안을 내는 것은 명분을 찾기 어렵다. 즉 경기예측을 얼마나 잘못했기에 예산안 확정 후 얼마 지나지 않아 또 예산안을 변경하느냐는 비난을 면하기 어렵다. 따라서 국회에서 6월 이후 추경 예산안을 논의하게 된다.

그러나 이때는 시기적으로 여름 휴가철이 있어 제대로 심의되지 않는 경우가 많다. 어쨌든 빨라야 7월 이후에 추경 예산안이 확정되고 늦으면 11월경에 확정되는 경우도 있다.

재정지출에 의한 경기부양이 효과가 있으려면 재정지출 확대규모가 최소한 수조 원(예컨대 3조 원 이상)이어야 한다. 이 같은 규모의 사업은 도로와 같은 대규모 토목공사 사업이 아니면 연내에 지출할 수 없다. 따라서 경기부양을 위해 추경을 하면 주로 도로 등 대형 건설사업이 확대될 확률이 높다. 이 과정에서 건설사업에 비효율적인 투자가 이루어질 가능성이 크다.

일본은 2006년 말 현재 국가부채가 GDP의 160% 수준으로 세계에서 가장 많은 나라다. 주로 경기부양을 위한 적자재정을 자주 추진하는 과정에서 부채가 커진 것이다.

경기 진단 착오의 예를 들면 1990년 초 어느 해에 경기가 안 좋아서 정부가 하반기부터 경기부양책을 단편적으로 추진했다. 경기가 단기간에 좋아지지 않자 다음 해인 4월에 또다시 경기부양책을 발표했다. 그런데 5월에 발표된 1/4분기 GDP증가율은 10.1%였다. 즉 1/4분기 성장률이 이미 평균 이상의 활황이었는데 그 이후인 4월에 경기부양책을 추진한 것이다. 따라서 재정지출에 의한 단기적 경기조절 기능은 생각보다 효과가 적고 자칫하면 부작용이 커질 여지가 많으므로 신중히 사용해야 한다.

정부 과신은 규제확대를 초래해

인간은 누구나 자기 권한이 크기를 원한다. 공무원도 마찬가지다. 따라서 규제철폐나 완화에 소극적이다. 어떤 이유를 대서든지 규제의 필요성을 강조한다. 무슨 사건이 나서 정부는 무엇 하나 하고 여론이 강하게 질책하면 담당자가 문책을 받는 등 어려움에 처하기도 한다. 한편으로는 이때가 규제 혹은 권한을 확대할 기회가 되기도 한다. 몇 년 동안 힘들게 한 규제완화가 어떤 사건 하나로 단숨에 원상복구된다.

잘못된 일을 예방하기 위해 필요한 규제는 해야 한다. 그러나 모든 일은 정부의 규제로 예방할 수 없다. 제도나 규제의 잘못이 아니라 민간의 실수로 생긴 사건도 무조건 정부 잘못이라고 비난하면 공무원은 어떻게 하는가. 대책을 강구할 수밖에 없다. 따라서 과도한 규제를 초래할 가능성이 크다. 정부 과신은 정부 규제 확대의 명분을 제공할 때가 많다.

민간이 잘할 분야는 민간이 담당

이미 이야기한 대로 정부는 공직자가 무능해서가 아니라 주인정신 부족 등 구조적인 면에서 민간부문에 비해 효율성이 떨어질 수밖에 없으므로 민간부문이 잘할 수 있는 분야는 최대한 민간에게 맡기는 것이 근본 대책이라고 본다. 정부가 자원분배에 깊이 개입했던 공산주의와 시장기능을 최대한 활용한 자본주의의 경쟁에서 공산주의가 패배한 것이 역사적 실증인 셈이다.

문제는 어디까지 민간 시장기능에 맡길 수 있는가다. 시장기능이 작동할 수 없는 분야는 정부가 개입할 수밖에 없다. 전통적으로 시장기능이 작동하기 어려워 정부의 개입이 필요한 분야는 도로, 치안, 국방 등 공공재와 환경보전 등 외부 경제효과가 있는 경우, 독과점 시장, 소득 재분배, 경기 진폭의 완화 등의 경우이다.

세계의 흐름을 보면 전통적으로 정부의 역할이라고 생각하는 부문도 여건이 바뀌면 시장기능에 맡기는 방식으로 변하고 있다. 예컨대 도로 건설, 운영은 국가의 일이라고 생각했으나 오늘날에는 민자 유료도로가 건설되고 민간철도회사와 민간전력회사가 운영된다. 또 사설 경비용역회사가 생기고 사회연금, 보험도 민영화 사례가 늘어난다. 우편·통신도 민영화하는 추세다. 심지어 기상 서비스 공급까지 민영화하기도 한다. 과거에는 민간부문이 능력이 없어서 서비스를 공급할 수 없었거나 민간이 할 수 있더라도 독과점 횡포 등이 우려되어 정부가 맡는 것이 합리적이라고 생각했다. 하지만 오늘날에는 경제 여건 변화로 이 같은 문제가 해결된 경우가 많아졌기 때문이다.

과거에는 민간이 발전소를 운영할 능력이 없었으나 오늘날에는 민간의 자금여력이 커져 이를 담당할 수 있게 되었다. 또 발전소가 다수 있어 이들을 경쟁시켜 독과점 횡포도 막을 수 있는 기반이 마련되었다. 미국의 헤리티지재단은 〈월스트리트 저널〉과 함께 해마다 나라별로 경제자유도•를 지수화해 발표한다. 정부 규제가 많고 조세부담률이 클수록 경제자유도는 낮아진다.

헤리티지재단은 경제자유도가 높을수록 경제활동에 정부개입이 적고 그럴수록 자원배분의 효율성과 민간기업의 창의성이 더 발휘될 수 있다고 주장한다. 2008년 경제자유도 지수에 따르면 우리나라는 41위로 157개국 중 중위권 수준이다.

시장기능이 더 잘할 수 있는 것은 최대한 시장에 맡겨야 한다. 이와 관련해 몇 가지 현실적인 과제에 대해 의견을 제시한다.

●**경제자유도** 경제활동에 대해 국가가 통제하는 정도를 나타낸 것이다. 조세부담률이 낮고 규제가 적을수록 경제자유도는 높아진다.

정부기구는 줄여야

참여정부에서 공무원 수가 늘어나면서 정부부문이 커졌다. 국민의 정부에서 줄었던 공무원 수가 2007년 2월 현재 참여정부 4년 동안 4만 8,000명이 늘었다. 명분은 정부의 효율성만 확보되면 규모는 문제가 아니라는 것이다. 이론적으로는 공무원이 늘더라도 비용 이상으로 서비스가 더 많이 제공되면 문제가 안 된다. 그러나 현실적으로 정부가 커지면서 효율적이 되기는 어렵다.

새로운 정부기구 설치나 공무원 증원은 필요성이 인정된다. 문제는 불필요해진 기구나 인원을 줄이지 않으면서 공무원 수를 늘리는 데 있다. 예컨대 인구가 도시로 집중되면서 대도시의 행정수요가 늘어났다. 2006년 6월 현재 인구 5만 명 이하인 군이 43개나 되며 그중 3만 명 이하인 군도 11개나 된다. 대도시의 큰 동 규모밖에 안 되는 군에도 군수, 부군수, 과장 등 모든 직제가 다른 시ㆍ군과 비슷하게 되어 있다.

군청 직원도 500~600명 수준으로 과거보다 늘었다. 군단위에는 대부분 경찰서, 교육청, 세무서, 우체국 등이 있으므로 정부기구가 많은 것이다. 이 같은 기구는 제대로 통폐합했는가.

대도시에는 학생 수가 늘어나 학교나 교사가 증원된다. 농촌지역 초등학교에는 학생이 50명도 안 되는 학교가 많다. 학생이 20여 명도 안 되는 학교도 많다. 이 중 많은 학교에 교장, 교감이 있다. 행정이 전산화되면 전산관련 인력이 증원된다. 그렇다고 행정전산화로 불필요해진 인력이 줄지는 않는다. 물론 지방행정기구나 농촌지역 학교의 경우 주민이나 학생이 줄었다고 공무원 수를 비례대로 줄일 수는 없으나 합리적으로 노력하면 많이 줄일 수 있다. 현실적으로 증원이 필요한 분야는 필요성을 검토하면 될 것이나 여건 변화로 불필요해진 분야는 관계부처가 구조조정을 하지 않는 한 예산 당국이 일일이 찾아내기가 어려운 것이 현실이다.

정부기구를 줄여야 하는 또 다른 이유는 불필요한 규제를 줄이기 위해서이다. 공무원은 여건 변화로 기존 업무가 축소되면 자기 권한을 확대하기 위해 새로운 규제를 만들 확률이 높다. 따라서 수요가 줄어든 부서의 공무원은 수요가 늘어난 새로운 부서로 신속하게 재배치해야 한다. 이런 현실을 감안해 정부기구는 줄여야 한다.

참여정부에서 정원이 많이 늘었고 그동안 여건 변화로 인력이 불필요해진 분야가 있을 것이므로 필요한 인력은 내부조정으로 충당할 수 있다. 프랑스의 사르코지* 대통령도 취임 이후 정부 구조개혁을 강력히 추진하고 있다.

시장기능이 작동할 분야는 최대한 민영화해야

오랜 기간 공기업 정책과 공기업 경영 평가를 한 전직 고위 공무원의 경험담이다. "공기업 형태로 시스템을 잘 만들어도 도덕적 해이를 방지할 수 없다. 시장기능에 맡길 수 있는 것은 가능한 한 민영화가 더 바람직하다."

민간기업이 할 수 있는 서비스를 구조적으로 효율성이 떨어지는 정부 공무원이 할 필요는 없다. 공익목적으로 기존 사업을 계속할 필요가

● **사르코지** 니콜라 사르코지|Nicolas Sarkozy. 제18대 프랑스 대통령으로, 규제완화, 과도한 복지 축소, 정부기구 축소 등 시장기능을 중시하는 우파적 정책을 가속 추진하고 있다.

있다면 정부기관이나 공기업으로서의 특혜를 없애고 민간기업과 동등한 입장에서 경영해야 한다. 예컨대 노동부가 운영하는 산업재해보험의 목적은 근로자가 산업재해를 당했을 경우 보상해주기 위한 것이다. 자동차보험같이 일정한 사업장은 근로자를 보호하기 위해 산재보험 가입을 의무화하면 되지 산재보험 자체를 공무원 체제로 직접 운영할 필요는 없다. 정부가 직접 운영함으로써 운영의 경직성, 전문성 부족 등의 문제만 제기될 뿐이다.

우체국 예금과 보험업무도 민영화 대상이라고 본다. 이들 분야는 민간부문이 이미 하는 것이다. 정부가 이들 서비스를 지속하려면 민간기업과 같은 조건으로 경쟁해야 한다. 즉 우체국 예금은 예금보험에 가입하지 않고 예금보장을 받는 점과 우정공무원이 인건비 혜택을 받는 점 등 특혜 요소를 제거해 경영결과를 공개해야 한다. 일본은 고이즈미 수상 시절 우정사업 민영화를 확정했다.

한전 산하 발전도 민영화 대상이라고 본다. 2008년 5월 현재 추진 중인 산업은행 등 국책 금융기관도 민간이 할 수 있는 곳은 과감히 민영화해야 한다. 시장기능이 할 수 없는 분야 이외는 과감히 민간에 맡겨야 할 것이다.

정부나 지방자치단체의 수익사업은 원칙적으로 지양해야

정부나 지방자치단체의 수익사업은 대부분 퇴직공무원의 자리 확보차원에서 출연, 출자 기관 형태로 운영하는 경우가 많은데 부실인 사례가 많다. 외견상 흑자인 경우에도 각종 특혜로 유지하는 곳이 많다. 2004년 감사원 조사에 따르면 지방자치단체와 민간기업이 공동으로 출자해 운영하는 이른바 제3섹터 방식의 공기업 38곳을 감사한 결과 29곳에서 자본잠식 또는 경영부실이 심각한 상황이었다.

주인이 열심히 챙겨도 어려운 기업현실에서 주인정신 없는 공공기관이 경쟁에서 이기기는 어렵다. 예컨대 지자체가 국유지를 활용한다는 명목으로 골프장 사업을 하려는 경우에도 군이 산하기관을 만들어 직접 골프장을 운영하지 말고, 공개경쟁 입찰을 통해 수익금을 가장 많이 약속하는 민간에게 운영권을 주는 것이 더 효과적이다.

규제완화의 접근방식 개선

역대 정부가 규제완화를 추진해 과거에 비해 규제가 많이 줄었다. 그러나 기업으로서는 실제로 규제완화를 느끼지 못하는 경우가 많다. 그 이유는 제출해야 할 민원서류는 일부 줄었을지 모르나 시간이나 비용 면에서 과거보다 별로 개선되지 못한 경우가 많기 때문이다. 즉 제출 서류가 5종류에서 3종류로 줄었으나, 3종류 서류 처리기간이 과거보다 줄지 않았다면 무슨 소용이 있는가.

이에 규제완화의 문제점과 개선방안을 몇 가지 제시한다.

첫째, 과정으로서 민원절차를 줄일 것이 아니라 최종목표인 민원 서비스 개선에 목표를 두어야 한다. 예컨대 공장건설에 소요되는 민원서류 감축 여부보다는 공장건설 허가 절차 10일 안 완료를 개선 목표로 해야 한다. 이렇게 하면 민원서류 축소, 내부결재단계 간소화, 관련 기관 협의 단축 등 공무원 스스로 모든 개선방안을 강구해 서비스가 확실히 개선될 것이다.

둘째, 경제적 규제와는 달리 환경, 안전 등에 관한 사회적 규제는 강화해야 한다는 점에는 공감대가 형성되었다. 그러다보니 사회적 규제가 성역이 되어 과잉규제가 많다. 사회적 규제도 현행 규제가 합리적인지 검토해야 한다. 예컨대 골프장 건설 환경영향평가의 경우 예비검토를 받고 다시 본검토하는 식의 2중 검토로 장기간 소요된다. 규제 목적이 정당하더라도 절차 등이 중복되고 복잡한 경우가 많다. 따라서 국제기준, 우리 현실 등을 감안해 간소하게 해야 한다. 이번 기회에 국제관행에 비해 과도한 규제는 정비해야 한다.

셋째, 한 가지 민원 처리에 여러 가지 인·허가 절차를 거쳐야 할 경우 한 절차가 끝나야 다른 절차를 하게 되어 있으면 시간이 많이 걸린다. 예컨대 환경영향평가를 받는 데 1년 이상 소요되고 그다음 문화재 조사에 6개월이 소요되는 식이다. 이론상은 한 가지 절차가 미비하면 다른 절차는 불필요하니 미리 할 필요가 없다고 생각할 것이다. 하지만 민원인의 시간단축을 위한다면 동시 처리가 합리적이다.

예컨대 환경영향평가, 문화재 조사, 산림영향조사 등을 동시에 처리하도록 해야 한다. 이때 필요한 비용은 민원인에게 부과하면 된다.

넷째, 규제의 준수율을 정기적으로 조사해 준수율이 낮은 규제는 없애야 한다. 준수율이 낮다는 것은 많은 사람이 규제를 지키지 않고 정부도 이를 제대로 단속하지 못한다는 뜻이다. 이럴 경우 규정을 지키는 사람만 손해를 보는 느낌을 갖게 되고 그 결과 준법정신도 해이해진다.

예컨대 규제가 비현실적이라 국민이 규제의 취지를 공감하지 못하거나 정부가 규제는 만들었으나 인력이나 예산 부족 등으로 규제 위반을 단속할 형편이 못 되는 경우다.

다섯째, 정부가 인·허가권을 남용해 불필요한 부담을 주는 것도 없애야 한다. 예컨대 콘도시설 허가를 조건으로 콘도와 별 관련 없는 주민의 민원사업을 강요하는 경우다. 지방자치단체장을 민선으로 한 이후 이 같은 일이 많아졌다고 한다. 민원 처리를 부당하게 지연하면 관련 공무원의 책임을 강화하는 등 이를 막기 위한 제도적 장치가 필요하다.

공급자위주에서 수요자위주로 경쟁 촉진해야

정부 정책을 수립할 때 수요자보다는 공급자의 목소리가 크게 작용하는 경우가 많다. 쇠고기 수입 자유화의 경우에도 축산 농가보다 소비자가 훨씬 많지만, 소비자 목소리는 거의 없고 축산 농가의 피해만 거론된다. 외국보다 비싼 쇠고기를 사야 하는 소비자의 보호는 뒷전이다. 백화점 셔틀버스 문제의 경우에도 영세상인과 시내버스 업주의 피해가 크게 부각된 반면, 셔틀버스를 이용하는 소비자의 불편은 별로 고려되지 못하고 있다.

과거에 정부는 중소기업 보호를 위해 단체수의 계약 제도[*]를 운영

● **단체수의 계약 제도** 중소기업 보호를 위해 정부에서 중소기업 제품구매 시 경쟁입찰이 아닌 수의계약으로 특정 중소기업 관련 단체와 구매계약을 하는 제도다.

하였다. 중소기업 간 경쟁을 제한해 중소기업을 보호한다는 취지다. 여기에서도 과거 정부는 경쟁을 제한함으로써 피해를 보는 수요자 생각은 하지 않았다.

우리 사회에는 과당 경쟁을 잘못된 것으로 생각하고 소비자가 자기 선택의 결과에 대해 책임을 지지 않고 정부에게 책임을 미루는 경향이 많다. 실제로 공급자의 경쟁은 소비자에게 유리하다고 볼 수 있다. 공급자의 경쟁이 치열하면 소비자의 선택 폭이 넓어지고 이 과정에서 소비자는 보다 유리해진다.

물론 때로는 소비자가 선택을 잘못할 수도 있다. 우리나라는 소비자가 잘못된 선택을 할 경우에도 정부에 감독 불충분을 이유로 책임을 지라는 경우가 많다. 예컨대 과거 외환위기 시, 높은 수익률을 기대하여 투자신탁의 주식형 펀드를 구입한 투자자들이 해당 투자신탁 회사가 부도가 나자 정부에 투자손실 보전을 요구해, 결국 보전받은 사례가 있다. 이런 전례를 이유로 정부는 소비자 보호를 위해 과당경쟁을 막는다는 명분으로 규제 등을 강화해왔다.

그러나 정책의 중점은 공급자보다도 수요자에 두어야 한다. 그리고 무엇보다 경쟁의 촉진은 수요자의 이익에 부합된다. 또한 소비자는 선택의 결과에 대해 책임을 지도록 해야 한다. 국가가 가부장적으로 모든 것을 책임지라는 사회 분위기에서 정부는 규제를 강화할 수밖에 없다.

예컨대 호우경보가 발령되었는데 산에 올라가 조난당한 경우 '정부가 왜 단속을 하지 않았는가' 하고 책임을 물으면, 정부는 등산 관련 규제를 강화하고 단속인원도 늘려야 할 것이다. 또한 일기예보가 잘못돼 조난당하면 정부가 손해배상책임도 져야 하는 상황까지 발생할 것이다.

투명성 제고

　정부의 효율성을 높이고 부정부패를 방지하기 위해 큰돈 들이지 않고 할 수 있는 방법이 행정의 투명성을 제고하는 일이다. 정부가 하는 일을 국민에게 상세히 알림으로써 국민의 정부감시, 평가가 가능해진다. 예컨대 익명으로는 나쁜 짓을 쉽게 하다가도 자기 이름을 밝히라면 못하는 경우와 마찬가지다. 그런데 우리 국민은 정서적으로 투명하게 밝히는 것을 꺼리는 면이 많은 것 같다. 일상생활에서 전화할 때 누구냐고 물어보면 통상 "종로인데요", "법무부인데요" 등으로 자기 이름을 정확히 밝히기를 주저하는 경우가 많다.

　서양의 경우 하버드, 예일 등 수많은 대학이 설립자의 이름을 따서 지었으나 우리나라는 그런 데가 거의 없다. 좋은 일이건 나쁜 일이건 이름을 밝히고 투명하게 하기보다는 익명으로 또는 간접적으로 하는 경우가 많다.

　잘한 경우에는 "사촌이 땅을 사면 배가 아프다"는 속담같이 이웃의 질시 대상이 되기 쉬우므로 너무 모가 나는 것 같아 피하게 된다. 조선시대의 여러 사화에서 보듯 기록을 잘하면 자칫 뒷날 문제가 된 적이 많으므로, 무엇을 투명하게 하는 데 거부감이 많은 것 같다.

　고건 시장 때 서울시에 민원이 접수되면 접수상황부터 결재과정을 일일이 온라인상에 올려놓게 하는 민원서류 오픈시스템을 구축했다. 과거에는 민원인이 민원신청을 한 후 자기 서류가 제대로 접수되었는지, 현재 어떤 상태인지 알 수 없었으므로 담당 공무원에게 일일이 물어볼 수밖에 없었다. 그리고 그 과정에서 부정부패가 싹텄다.

그러나 오픈시스템을 도입하고 난 뒤에는 서울시 홈페이지에 접속해 자기 서류가 어떻게 처리되고 있는지 알 수 있으므로 불필요하게 공무원에게 문의할 일이 없어졌다. 이 시스템은 UN이 반부패 행정의 모범 사례로 선정해 많은 나라에서 벤치마킹했다.

실효성 있게 투명성을 담보하려면 다음과 같은 점을 보완해야 한다.

정보를 공개하되 비용과 성과를 알 수 있게 해야

현재도 정보공개법에 따라 많은 사항이 공개되고 있다. 하지만 외부에 수동적으로 정보를 공개하는 것과 국민이 이해하기 어려운 정보를 단순히 공개하는 것만으로는 부족하다. 국민이 알 수 있게 적극적으로 비용과 성과지표를 개발해 공개해야 한다.

국립대학 학생들이 등록금 인상 반대 투쟁을 한다. 등록금을 올리지 말라는 것은 국고보조금을 더 달라는 말이다. 이는 당시 국고보조금을 얼마나 받는지 아무도 모르는 상태에서 학생들 주장의 옳고 그름을 따지는 실정이다.

국립대학 학생이 국고보조금을 얼마나 받는지는 예산 관계 직원이 열심히 계산해야 알 수 있다. 보통사람은 알 수 없다. 세입 세출이 대학별로 일목요연하게 되어 있지 않고 여러 항목이 복잡하게 얽혀 있어 재정전문가라도 알기가 어렵기 때문이다.

실제로 서울대학 학생은 2003년의 경우 정부로부터 평균 619만 원씩 보조금을 받은 셈이다. 하지만 사립대학 학생의 보조금은 미미한 실정이다. 이 같은 사실이 공표되면 일반국민이나 국립대학 학생이나 적정 등록금 논의에 도움이 많이 될 텐데 국립대학 예산에 관한 정보가 공

개는 되었으되 이 같은 사실을 알 수 없었으니 정책판단에 아무 도움이
안 되었다.

농촌에서는 쌀 개방 문제로 정부가 농업을 홀대한다고 생각한다. 하
지만 실제로 정부는 농가나 농업을 위해 막대한 돈을 지원한다. 예컨대
논농사를 짓는 사람에 대한 소득보조금인 논농업 직불제에 2005년 생
산 쌀의 지원규모가 1조 5,000억 원에 이른다. 그밖에 경지정리는 정부
가 무료로 하고, 농업용 휘발유도 면세이며, 농사용 전력요금도 원가
이하로 공급한다. 이를 모두 돈으로 환산하면 막대한 금액이 된다. 이
같은 지원 금액을 다른 부문과 비교해 발표하면 국민이 정부의 농촌지
원이 적정한지 판단하는 데 도움이 된다.

따라서 단순히 통계자료를 통째로 공개하는 데 그칠 것이 아니라 국
민이 알아야 할 사항, 즉 비용이나 성과에 관한 사항을 알기 쉽게 지표
화해 그 의미를 적극적으로 알려야 한다.

이런 취지에서 몇 가지 예를 더 들어본다.

인천국제공항에서 비행기 도착부터 입국할 때까지 평균 소요시간,
대도시의 러시아워 때 주요 지점의 차량소통 속도, 공기오염 정도, 고
속철도의 연발착 비율 등을 정기적으로 공표하면 관련 기관은 자연히
그 같은 서비스 향상에 관심을 갖게 될 것이다. 도로 구간별 통행 차량
을 정기적으로 비교해 공표하면 어느 구간이 비효율적인 투자였는지
드러난다. 공기업의 경영상태, 즉 부채, 이익률, 국유재산의 임대 수익
률 등을 공표하면 효율성이 검증된다.

현재 원가에 못 미치는 수도요금의 원가비율과 연간 국가보조금을

알기 쉽게 정기적으로 발표하면 국민이 그 정책이 타당한지 논의할 것이다. 공공부문 종사자의 인건비를 비교해 공시하면 타당성 없이 높은 임금을 받는 분야는 여론의 힘으로 인상을 억제할 수도 있다. 기획재정부가 공공기관의 봉급수준을 포함한 경영상태를 공표하게 한 것은 좋은 예이다. 도시, 농촌 공무원 1인당 인구수를 공표하면 현재의 지방자치단체 공무원 수와 조직체계가 적정한지 국민이 판단할 것이다.

구속된 피의자가 구속적부심에서 풀려나오거나 집행유예나 무죄가 되는 비율을 공표하면 무리한 법집행을 개선할 수도 있다. 투명성은 전체 국민을 감시자로 삼아 공공부문의 비능률을 없애는 효과적인 방법이다. 이를 위해 비용과 효과를 일반인이 알 수 있게 가능한 한 지표를 많이 개발해야 한다.

기록을 철저히 하고 일정 시일 후 반드시 공개해야

사회 발전은 과거의 경험이 다음 세대에 전수되어 잘못된 것은 고치고 잘된 것은 더욱 발전시켜나가는 것이다. 이를 위해서는 모든 분야에 걸쳐 기록이 잘 되어야 한다. 기록은 공공부문에서 특히 중요하다. 주인의식이 부족하고 업무성과를 단기간에 평가하기 어려운 공공부문의 특성상 훗날 기록을 공개해 누가 일을 잘했는지 엄격하게 평가하면 공직자들은 책임의식을 더 느끼게 된다.

예컨대 전두환 대통령 집권의 기반이 된 1980년 5 · 17 이후 계엄령 선포와 국보위 설치를 위한 국무회의에 참석한 국무위원의 발언 내용을 발표한다면 국민이 당시 국무위원을 나름대로 평가할 것이다. 또 이를 보는 오늘날의 국무위원도 훨씬 더 역사의식을 갖고 국사에 임할 것이다. 예컨대 대통령이나 여당의 뜻에 어긋나더라도 국가의 장래를 위해 발언한 경우 국민이 나중에라도 그런 국무위원을 알아준다면 공직자의 책임감은 더욱 높아질 것이다.

기록의 중요성에 비해 기록에 대한 관심이 너무 적다. 조선시대에는 각종 정책이나 사건을 실록으로 체계적으로 정리했다. 기록 대상인 왕은 사초를 절대로 보지 못하게 하는 등 공정하게 기록하기 위해 노력했다. 정조 대에 수원성을 축조하는 과정에서 축성 공사에 동원된 인부의 수, 출신지역 등의 기록을 보면 우리 선조의 기록 정신이 대단했음을 알 수 있다.

그동안 역대 정부는 기록에 관심이 크지 않았는데 국민의 정부 이후 관심이 커지고 있다. 참여정부 들어 정부기록보존소가 국가기록원으로 격상되어 정부 의사결정 과정을 공개하는 등 많은 부문에서 개선되었다. 그러나 아직 만족할 만한 수준은 아니다. 행정부의 경우 중요 회의 참석자의 발언 내용 등을 아직도 기록하지 않는다.

또 정부의 중요한 정책결정 과정 기록을 찾기 어렵다. 과거 부실기업 정리를 위한 경제장관회의가 수없이 열렸으나 참석자의 발언 내용은 기록되지 않았다. 몇 시간씩 열띤 토론을 한 적이 많아도 회의 자료에는 '원안대로 의결', '보류' 등 최종 결과만 간단히 기록될 뿐 누가 무슨 이유로 반대하거나 찬성했는지 기록이 남아 있지 않다.

1980년 5·17계엄령 선포 전후의 최규하 대통령 일정을 기록한 서류가 청와대 서류정리 과정에서 우연히 발견되었다는 보도가 우리의 현실을 단적으로 나타낸다.

　과거 필자가 세계은행의 '인구차관'● 사업에 관여할 때의 일이다. 세계은행 담당자가 방문해 1년 전 상황과 비교하면서 우리나라의 준비 상황을 논의했다. 세계은행 담당자는 그동안 바뀌어 다른 사람이 왔다. 그런데도 전임자가 면담한 경제기획원, 재무부, 보건사회부 공무원과 협의한 내용을 정확히 알고 그 후의 변동사항을 문의했다. 우리 정부 담당자도 대부분 바뀌었는데 전임자와 무슨 내용을 협의했는지 기록이 남아 있지 않아 일일이 전임자의 기억에 의존해 협의할 수밖에 없었다.

　사람이 바뀌면 전임자 자료를 제대로 찾지 못해 밤새워 다시 하는 경우도 흔하다. 요즘은 행정전산화로 정부기관도 지식관리시스템 등을 도입해 많이 개선되었다고 본다. 그러나 첨단시스템을 설치해도 자료를 제대로 입력하지 않으면 소용없다. 왜 기록관리 문화가 정착되지 못했는가.

　현재 담당자로서는 기록을 잘 관리할 인센티브가 별로 없다. 자기가 맡은 일은 대부분 기억하므로 일부러 시간을 내서 자료를 정리할 필요가 없다. 후임자와 동료가 알 수 있게 하려면 자료를 체계적으로 정리해야 하는데 그럴 필요를 느끼지 못한다. 자료를 잘 정리한 결과 때로는 그 자료가 빌미가 되어 나중에 자기가 한 일에 대해 잘못 평가받을 수도 있다.

　또 잘 정리된 자료 때문에 후임자가 일을 잘하면 상대적으로 전임자는 일을 잘 못한 것으로 평가받을 수도 있기 때문에 더욱 자료를 정리할 인센티브가 크지 않다.

● **인구차관** 세계은행이 가족계획 등 인구 억제를 위해 공여하는 장기저리의 자금

1960~1970년대 차관 도입이 경제적 이권으로 생각될 때 외자도입 심의위원회의 심의내용 일부가 신문에 보도되어 특정 기업에 대한 특혜 시비가 생겼다. 누가 정보를 신문에 누설했는지 소동이 벌어졌다. 그 후 상당 기간 외자도입위원회에서는 기록을 터부시하게 되었다. 서울시 수서 택지지구 지정 특혜 사건이 수사 대상이었을 때 관련 공무원의 수첩에 적힌 내용이 수사 단서가 된 적이 있었다.

1997년 외환위기 당시 부총리의 개인일기 내용이 보도되어 개인적으로 곤경에 처한 일이 있었다. 이런 사건이 공직사회에 주는 의미는 쓸데없이 기록을 많이 하지 말라는 것이었다. 기록이 당위성으로는 중요하지만 당사자로서는 덕 될 것이 없다는 의식이 팽배해 있다.

그런데도 기록문화 정착을 위해서는 조직의 장이 이를 강조해야 하는데, 별로 그런 것 같지 않다. 기획예산처 차관 시절 인터넷을 통해 지식관리시스템을 구축했다. 그런데 자료를 개인이 보관하고 지식관리시스템에 입력하지 않는 경우가 많았다. 자료입력을 유인하기 위해 마일리지제도를 도입하는 등 노력했던 기억이 있다.

기록을 위해서는 자료 관리를 중요한 일로 생각해야 하는데 대부분 자료 정리와 기록을 할 일 없을 때 하는 것이라고 오해한다. 국제기구 직원들이 한국 출장을 와서 일하는 것을 보면, 예컨대 4일 일정의 경우 마지막 날은 자료 정리에 대부분의 시간을 보낸다. 실제로 필자가 공직생활을 하는 동안 기록 정리에 필요성을 많이 느꼈다.

그러나 이를 위한 특별한 교육이나 어떤 계기가 있어본 기억은 없다. 기록문화 정착을 위해 몇 가지를 제안한다.

첫째, 국무회의와 차관회의 등 적어도 차관급 이상 인사가 참여하는 회의는 발언내용까지 녹음 또는 속기로 기록하되 내용의 성격에 따라 법령으로 공개유예기간을 정해 그 기간에는 비밀을 유지해야 한다. 그 기간이 경과하면 반드시 관보를 통해 공개해야 한다. 특정인의 요구가 없더라도 일정기간 이후에는 반드시 공개하게 함으로써 공직자들이 자기가 한 일에 역사의 심판을 받는다는 의식을 갖게 해야 한다. 일정한 유예기간을 두지 않고 기록하면 야당이나 시민단체 등이 즉시 공개를 요구하고, 그렇게 되면 제대로 기록을 하지 않게 되거나 소신껏 토의하지 못하게 된다.

둘째, 국가기록원 기능을 강화해 적극적으로 기록을 수집해야 한다. 미국의 백악관에는 기록수집관이 파견되어 수시로 중요사항에 관한 자료를 현장에서 수집한다. 우리나라도 국가기록원의 자료요구권을 강화하고 요구받은 자료는 특별한 경우가 아니면 주도록 해야 한다.

셋째, 자료보관, 정보공유 등을 정부개혁의 중요 과제로 인식해 관련 부서는 이를 지속적으로 챙겨야 하며 감사원의 감사 대상으로 해야 한다. 기관장들도 관심을 두어야 한다.

GE의 잭 웰치* 전 회장은 CEO의 할 일 중 중요한 것이 부서 간의 정보공유 확보라고 했다. 조직에서 어떤 간부가 내부 정보를 모르면 무능하다고 질책하는 경우가 많다. 그러나 만일 다른 부서에서 정보를 공유하지 않아 생긴 일이라면 공유하지 않은 간부를 문책해야 한다.

● **잭 웰치** Jack Welch 미국의 GE General Electric 의 전 회장이다. 6-시그마를 도입하고 과감한 구조조정을 시행하는 등 경영혁신으로 GE의 지속적인 성장을 이끌었다. 퇴임 전까지 1,700여 건의 M&A를 성사시키는 등 세계적으로 유능한 경영인으로 평가되고 있다.

법안이나 정책에 관련 인사의 이름을 붙여야

현재도 각종 정부정책 결정의 경우 참여자의 이름을 기록하지만 이 때문에 책임의식이 크게 높아진 것 같지는 않다. 정책실명제의 근본취지는 단순히 기록하는 데 있는 것이 아니라 기록을 통해 관련 인사들이 좀더 책임감과 명예감을 가지라는 것이다. 그러기 위해서는 일상생활에서 어떤 정책이 논의될 때 자연히 관련 인사도 함께 거론되도록 사회 분위기를 조성해야 한다.

예를 들어 법안이나 정책의 경우 정식 법명과 함께 주 제안자를 명기하고 언론 등에서 거론할 때 주 제안자의 이름으로 불러주는 관행을 만드는 것이다.

미국은 법안뿐만 아니라 대학이름, 주요사업 등 많은 경우 관련자의 이름을 붙임으로써 자기가 한 일에 긍지와 책임감을 높인다. 창립자 이름을 딴 '하버드' 대학, 제2차 세계대전 이후 유럽의 전후 복구를 지원한 국무장관의 이름을 딴 '마셜 플랜', 제안자 이름을 딴 '풀브라이트' 장학금, 뉴욕의 '존 F. 케네디' 공항, 기부자의 이름을 딴 '카네기' 홀 등 예가 무수히 많다. 미국은 공항, 도로, 다리, 건물 등 수많은 시설을 관련 인사의 이름으로 부른다.

이 같은 관행을 정착하는 방안은 언론 등에서 중요한 법안이나 정책의 경우, 예컨대 '주택임대차관리법(홍길동 의원 제안)' 등으로 표기해 국민에게 널리 알린 다음 익숙해지면 '홍길동법' 으로 부르면 된다. 이런 경우 대중영합적인 입법을 추진해 당시에는 인기를 얻었으나 몇 년 후에 부작용이 나타나 어려움을 겪는 사람도 나올 것이다.

중요 사업의 경우에도 관련된 중요 인사들의 업적을 현판 등에 크고 상세히 기록하는 것도 필요하다. 적자로 고생하는 일부 광역시의 지하철을 강력히 추진한 인사와 수요가 없는 폐쇄된 지방공항의 투자에 기여한 인사의 공적을 기록함으로써 국민의 평가를 받게 해야 한다. 최근 부동산 정책과 관련한 반값아파트, 분양가 원가공개도 관련 의원의 이름을 붙여 역사의 평가를 받게 하자.

실명제와 관련해 1990년 중반 경제기획원 경제기획국장으로 있을 때 필자의 경험이다.

해마다 경제백서를 발간하는데 집필에 전문가가 많이 참여한다. 보통은 책 말미에 모든 집필자의 이름을 수록하는데, 이를 개선해 자기가 집필한 분야 끝에 집필자의 이름을 명기하게 해서 그 분야의 집필자가 누구인지 독자가 쉽게 알 수 있게 했더니 훨씬 더 책임감 있게 집필하는 것을 볼 수 있었다.

누가 잘되는 것을 참기 어려운 국민정서상 의원입법의 경우 누구 이름으로 표기하는지, 정부입법은 어떻게 하는지 하는 문제를 제기할 수 있다. 또 공정한 심의기구를 만들어 누가 가장 크게 기여했는지 심사해 평가할 수 있다. 그 같은 특정 인사가 없을 경우 본래의 법령이나 사업만 표기하면 된다.

국가적 개혁 과제이면서도 일부 국민의 반대를 의식해 지지부진한 국민연금개혁은 강력히 추진하는 인사가 있으면 앞으로 그 사람의 이름을 불러주도록 제안한다.

정책평가와 상벌을 제대로

공공부문이 비효율적인 원인 가운데 하나는 정확한 평가와 그를 기초로 한 공정한 보상이 이루어지지 않기 때문이다. 공정하게 평가하기 위해서는 책임소재를 분명히 밝혀야 한다. 이를 위해서는 공공기관도 줄 것은 주고 받을 것은 받게 해야 한다. 민간기업에서는 같은 기업에서도 부문간의 효율성이나 경영책임을 밝히기 위해 사업부별로 비용과 이익을 별도로 계산하는 경우가 많은데 공공부문은 적당히 하는 경우가 많다. 몇 가지 예를 들어 설명한다.

책임 소재가 분명하게 시스템을 설계해야

인천국제공항이 개항되기 전 김포국제공항 시절에는 법무부, 경찰, 관세청, 국가정보원 등 국가기관은 청사 시설을 무료로 사용했고 관광공사도 무료로 면세점을 개설했다. 그 이유는 국가기관의 임대료나 관광공사의 운영비는 국가예산에서 지출되고 만일 김포공항공단이 적자를 보면 어차피 국가가 그 돈을 메워주는데, 복잡하게 주고받고 할 필요가 없다는 것이었다.

이런 상황에서 면세점 수입으로 운영하는 관광공사는 외견상 국가예산을 사용하지 않기 때문에 국회 심의나 예산당국의 통제를 받지 않고 주무부서인 문화관광부의 통제만 받았다. 국정원이나 법무부, 경찰청이 공항 사무실을 얼마나 사용하는지, 과도하게 사용하는지 예산 당국은 알지 못하고 관광공사 사업도 면세점 수입이 많으면 확대되고 수입이 적으면 축소되는 불합리한 모습이었다. 김포공항공단은 적자가 나더라도 공항시설의 임대료를 제대로 못 받아서 그렇게 되었다고 변명할 수 있었다.

따라서 인천국제공항 개항 시에는 국가기관이라도 모두 적정한 시설사용료를 내도록 제도를 개선했다. 이 경우 법무부, 국정원, 경찰청 등의 임대료는 각 부처 예산에 반영되어야 하고 자동으로 기획재정부와 국회의 심의를 받게 된다. 아울러 임대면적을 늘리려면 과거에는 공항당국에 협조를 부탁하거나 압력을 넣어 해결했으나 이제는 예산당국과 국회의 심의를 거쳐야 하므로 그만큼 투명해졌다.

관광공사도 민간 면세점같이 인천공항공사에 수백억 원의 임대료를 지불하므로 과거보다 수입이 대폭 줄어 부족분을 해마다 정부에게서 받게 되었다. 이 과정에서 관광공사 사업의 타당성 등에 대해 국회 심의를 받게 되었다. 아울러 인천공항공사는 공항 임대료를 제대로 못 받아 적자가 났다는 이유를 대지 못하게 되었다. 공공기관 전체로 보면 수입·지출이 동일하더라도 셈을 분명히 함으로써 각 기관의 책임을 정확히 할 수 있다.

공기업 경영에서도 가능한 한 셈을 분명히 해야 한다. 공기업은 민간기업과 달리 수익성만 추구할 수는 없고 공익성을 동시에 추구해야 하므로 정부지원을 받을 수는 있지만 계산은 분명히 해야 한다. 이를 위해서는 정부지원도 투명해야 한다.

지하철이나 철도는 해마다 막대한 적자를 내고 있다. 적자요인의 일부는 학생, 노인 등에게 무료 또는 할인 혜택을 주기 때문인데, 그 부분은 다른 적자요인과 따로 표시해 책임소재가 다름을 분명히 해야 한다. 유사한 민간부문은 요금이 인상되는데 물가안정을 위해 공기업만 인상

을 억제하는 경우에는 평가 시 기대수입을 반영하는 방법도 검토해야
한다.

토지공사는 민간기업이 가질 수 없는 토지수용권을 발동해 땅을 구
입한 후 용도변경을 통해 돈을 벌고 있다. 따라서 이를 100% 토지공사의
성과라고 평가할 수는 없다. 반대로 수요가 별로 없는 지역에 지역개발
이라는 명분 아래 정부가 공업단지 건설을 지시한 결과 적자가 날 경우
토지공사에게 경영책임을 지라는 것은 합리적인 평가라고 볼 수 없다.

상벌은 씨를 뿌린 사람에게로

대부분의 시책은 효과가 발생하기까지 시간이 소요되는데 현재의
성과는 현재 담당자의 책임이라는 식의 평가가 많다. 원인이 누구에게
있는지 제대로 밝혀야 한다. 금년 경기가 좋으면 몇 달 전에 취임한 경
제부총리가 일을 잘한 결과인가. 물론 사안에 따라 단기간에 조치하고
결과도 즉시 나타나는 경우도 있다. 그러나 정부 정책과 결과 사이에는
대부분 상당 기간이 소요된다. 그러므로 언론이나 관련 전문가들은 무
슨 일이 생기면 왜 그렇게 되었는지 심층 분석해야 한다.

쌀 개방으로 2008년 현재 어려움을 겪고 있다. 최근의 쌀 개방은 10
년 전부터 예고된 것이다. 그동안 대책 없이 쌀값을 인상한 정책 당국
자에 대한 전문적인 분석과 평가를 제대로 해야 하는데 불행하게도 별
로 그런 것 같지 않다. 평가가 있어야 이를 타산지석으로 삼고 미래에
조심하게 된다. 당시 쌀값을 올려 농민에게 잘한다는 소리를 듣고 나중
에 아무 책임의식도 느끼지 않는다면 누가 미래를 위해 고통스러운 개
혁을 할 것인가.

민심수습용 문책은 지양해야

우리나라는 큰 사건이 나면 높은 사람을 문책하는 경향이 있다. 반면에 미국은 9·11테러가 역사상 엄청난 사건이었는데 CIA국장, FBI국장, 국방장관 등 누구도 사임하지 않았다. 미국의 안보시스템에 근본원인이 있다고 해서 국토안보부를 신설했다. 우리나라였다면 내각이 총사퇴했을 것이다.

우리나라는 1997년 외환위기 때 취임한 지 1년도 안 된 경제부총리와 경제수석에게 책임을 물었는데, 금융시스템 문제가 몇 개월 만에 발생한 것인가. 잦은 개각으로 인한 전문성, 일관성 부족은 원인이 아니었는가. 그 후 개선되었는가. 공직자는 막중한 책임감을 가져야 하지만 민심무마용으로 책임을 묻는 것은 국민에게도 도움이 안 된다.

공직자의 책임성을 높이기 위해서는 전문가와 언론이 심층적인 정책평가를 자주 제대로 해야 한다. 사후에라도 엄격한 평가가 이루어진다고 생각하면 공직자는 책임의식을 느낄 것이다.

인사제도 개혁

담당관제로 바꾸어 행정의 효율성 높여야

우리나라는 전문가 양성 면에서는 정부나 민간이나 소홀하다. 공무원의 경우 모든 직원이 장관 훈련을 받고 있는 것 같다. 순환보직을 통해 여러 직무를 다양하게 경험한다. 예컨대 국토해양부는 건설행정과 교통행정은 판이하지만 건설부와 교통부 통합에 따른 화학적 융합 명분으로 순환보직 인사를 자주 한다.

다른 부처도 사정은 비슷하다. 동일 보직에서 1~2년 지나면 새로운 보직으로 옮기게 된다. 이렇게 되니 한 분야의 전문가는 드물고 대충 풍월만 읊는 사람이 많다.

우리나라 공무원 인사 시스템은 구조 자체가 전문성을 요구하지 않는다. 즉 외국같이 직위 분류제를 엄격하게 적용해 보직마다 그 자리에 갈 수 있는 사람의 자격 요건을 엄격히 제한하면 같은 부서에 근무한다고 해서 아무나 갈 수 없다. 그런데 우리나라는 경제부처의 경우 행정직이면 대부분 모든 자리에 갈 수 있어 자격 제한이 없는 셈이다.

예컨대 기획재정부에는 세제실이 있는데, 세제업무를 한 번도 한 적이 없는 사람이 세제실 국장을 하는 경우가 있다. 이렇게 해도 업무가 돌아가는 이유는 사무관, 과장, 국장, 실장 등 복잡한 결재단계가 있으므로 중간에 비전문가가 끼여도 일처리에 큰 무리가 없기 때문이다.

사실 공무원의 경우 반드시 전문가가 필요한지는 논란의 여지가 있다. 한 분야에 장기근무하면 시야가 좁아지고 직장에 파벌이 생긴다. 또 관련 이해관계자와 유착관계가 형성되고 타 분야와 정보공유가 안 되어 업무 협조가 원활하지 않다.

그러나 현재의 순환보직제도의 문제점도 많다. 우선 전문가를 양성하지 못한다. 우리나라는 기록문화도 정착되지 않은 실정이라 보직이 바뀌면 새 업무를 공부하는 데 상당기간 소요된다. 그러다 업무를 알만하면 보직이 바뀐다. 사람이 자주 바뀌는데 정책의 일관성이 유지될 수 없다. 또 전문가로서 경험이 쌓이지 못하므로 새로운 사람이 오면 아마추어적인 정책실험이 자주 나온다. 정책개발도 잘 하지 못한다.

국토계획이나 도시계획 정책, 토지정책 등은 사유재산권과 국가발전에 엄청난 영향을 주는 정책인데 순환보직으로 사람이 수시로 바뀌는 현실에서 일관성 있고 깊이 있는 정책이 나오기 어렵다.

직위 분류제에 따른 전문성 위주의 인사가 아니므로 인사교체가 잦다. 예컨대 각 부처 모두 선임 국장이 근무하는 중요보직이 있는데 그런 자리가 비게 되면 연쇄적으로 자리이동이 일어난다. 예컨대 3국장→2국장→1국장 식이다. 고위직 인사가 있으면 많은 인사가 꼬리를 물게 되면서 전문성 축적이나 정책의 일관성은 이루기 어렵다.

물론 순환보직제도에도 장점이 많다. 인사교류를 통해 새로운 시각에서 정책을 보게 되며, 조직끼리 정보공유와 업무협조를 원활하게 하고 집단이기주의를 막는 데 기여한다.

여기서 문제점을 극소화하면서 전문성을 강화하기 위한 개선방안을 생각해보자. 우선 직위분류제를 도입하고 현행 직렬을 세분해 부문별한 순환보직을 억제한다. 예컨대 세제실 과장이 되려면 관련분야 근무경력이나 자격이 있도록 해서 무경험자가 보직되는 것을 막아야 한다. 전문성이 요구되는 보직은 자격 요건 등을 엄격히 하되 그렇지 않은 경우는 자격요건의 범위를 다소 완화한다.

또 현행 품의제*를 담당관제로 바꾸어야 한다. 현재 대부분의 정부업무는 사무관이 기안하면 과장 이상 장관은 이를 검토·보완해 최종

● **품의제** 기안자가 문서를 작성하여 관계부서의 의견을 물은 후 상사에게 제출하여 결재를 받는 제도다. 이러한 방법은 하위자로부터 상위자에게 단계적으로 올라가는 바텀 업Bottom-up의 형태로, 관계자 전원이 해당 사안을 확인하게 되며, 의사결정에 참가한다. 반면, 의사결정이 여러 단계를 거쳐 이루어지므로 비능률적이며 책임소재가 불명확하여 서로 책임을 전가하는 등의 단점이 있다.

결재하는 형식이다. 기안자인 사무관과 결재권자 이외에는 사실상 없어도 그만이다. 중간에 있는 사람은 책임도 지지 않으면서 검토의견만 내는 형식이다. 그 결과 결재단계를 거치는 과정에서 시간도 걸리고 책임소재도 애매해진다. 이를 개선하기 위해 담당관제를 도입해야 한다.

실제로 사무관이 최초 작성한 내용을 과장·국장 등 중간관리자가 검토하는 과정에서 다른 의견이 있으면 통상 상급자의 의견대로 처음부터 새로 타이핑해서 올린다. 따라서 최종문서가 누구의 의견에 따른 것인지 분명하지 않다. 참여정부 들어 결재 단계에서 원안은 그대로 둔 채 중간관리자의 의견을 별도로 붙이게 한 것은 책임소재를 분명히 한다는 점에서 개선된 것이라고 본다.

조달청의 물자구매와 공사발주 등을 예로 들어 개선방안을 제시한다. 현재는 모든 물건을 구매할 때 사무관이 기안하면 전결규정에 따라 과장, 국장, 차장, 청장이 결재하는 방식으로 한다. 담당관제는 예컨대 볼펜 구매는 사무관이 담당하고, 자동차 구매는 서기관이, 1,000억 원 이상 건설 공사발주는 부이사관이 자기 책임 아래 발주하는 방식이다. 즉 직급이 높고 낮음에 관계없이 누구나 자기 일이 있다. 사무관은 볼펜 구매에 관해 자기 책임 아래 일을 처리하고 상급자에게 결재받을 필요가 없다. 다만 정보공유를 위해 사후 통보만 한다.

물론 상급자는 하급자의 인사평가 등 조직관리는 별도로 한다. 현실적으로 의사결정을 신중히 할 필요가 있는 경우 한 단계의 결재 단계를 두는 방안도 검토할 수 있다.

이렇게 되면 비전문가의 낙하산 인사는 불가능해진다. 모든 직원이 구매관이 되고 부이사관도 공사발주를 직접 해야 한다. 그러니 상급부서 부이사관이 갑자기 조달청에 와서 그 업무를 수행할 수는 없다. 이렇게 되면 일처리도 신속해지고 책임 소재도 뚜렷해지며 전문성도 축적된다. 물론 현실적으로 모든 정부 업무가 이렇게 처리될 수는 없다. 그러나 이런 원칙에 따라 조직을 설계하는 것은 필요하다고 본다.

이렇게 하려면 권한도 대폭 위임해야 한다. 특별히 중요한 것 외에는 담당자가 전결처리하거나 많아도 2단계를 넘지 않게 해야 한다. 장·차관이 국장 등에게 위임해 정책결정에 관여하지도 않은 실무내용까지 국회에서 따지거나 책임지라는 관행도 시정해야 한다.

정부 각 부처가 추진 중인 본부장제 또는 팀제는 결재 단계를 줄였다는 점에서 과거보다 진일보했다. 하지만 고위공무원단제도•는 전문성 강화라는 측면에서 후퇴한 면이 있다. 일정비율을 의무적으로 해당 분야의 민간 전문가로 충원하는 것은 일리가 있지만 다른 부서에서 충원하는 것은 전문성을 해칠 가능성이 크다.

고위직 임기는 길게, 관리능력 강화해야

기관장이 제대로 일하고 책임감을 발휘하게 하려면 재임기간이 적어도 2년 이상은 되어야 한다. 여러 번 강조했으므로 재론하지 않겠다. 아울러 기관장의 자격요건으로 관련 업무 전문성, 도덕성 못지않게 중요한 것은 장으로서 조직관리^{Management} 능력이다. 이는 객관적으로 검

●**고위공무원단제도** 정부의 주요정책 결정과 관리에서 핵심적 역할을 담당하는 실·국장급 공무원을 일반 공무원과 별도로 구분하여 범정부적인 차원에서 관리하고, 일반 공무원은 개별부처가 관리한다. 반면 고위공무원단은 중앙인사부처가 관리하면서 개방과 경쟁을 확대하여 직무와 성과 중심으로 정부생산성을 높이려는 전략적 인사 시스템이다.

중하기 어려워서인지 인선과정에서 중시하지 않는 것 같다.

한국전력 같은 방대한 조직의 사장에 대규모 조직관리 경험이 없더라도 에너지 전문가가 선정되면 언론이나 일반인의 평가가 나쁘지 않다. 그러나 다른 조직에서 관리 능력을 쌓은 인사가 에너지 분야의 경력이 없으면 비전문가가 한전사장이 되었다고 비판을 받기 십상이다. 이는 기관장의 자격요건으로서 관리능력보다 전문성을 중시하는 예라고 볼 수 있다.

물론 기관장은 그 분야의 전문성과 관리능력을 모두 갖추면 이상적이지만 그렇지 못할 경우도 있다. 기관장은 조직원의 사기 앙양, 비전 제시, 대외기관의 업무협조 등 관리자로서 능력이 있어야 한다. 그동안 전문성이나 도덕성 면에서는 흠이 없으나 관리능력 면에서 미흡한 경우를 많이 보았다.

또 다른 예로 아무리 좋은 아이디어라도 관련 부처나 언론, 국회와 협조를 잘해야 예산도 확보하고 법률도 제·개정할 수 있다. 그런 능력이 전문성보다 때로는 더 중요하다. 미국의 과자회사 나비스코의 거스너 사장이 컴퓨터 회사 IBM 사장이 되었는데 이는 두 기업의 영업 분야가 다른데도 CEO로서 관리능력을 높이 평가한 것으로 볼 수 있다.

우리나라는 일부 대기업을 제외하고는 관리능력을 체계적으로 배양할 기회도 별로 없다. 따라서 행정부의 국장급 이상 직위의 인사들은 관리자로서 능력 배양 교육을 강화할 필요가 있다.

외국의 MBA 과정같이 인사·조직관리 과정 같은 것을 단기간에 교육하는 것도 한 방법이다. 고위공직자 청문회를 보면 업무능력은 객관적으로 검증하기 어려우니 도덕성 검증에 주력하는 것 같다. 고위공직자가 되려면 무자식에 재산이 없어야 한다는 우스갯소리가 실감난다. 도덕성 못지않게 무능력은 국민에게 엄청난 해악을 끼친다. 모든 일이 지나치면 미치지 못함만 못하다.

2008년 5월 현재 미국산 쇠고기 수입과 관련하여 농수산식품부 장관이 국민설득에 어려움을 겪고 있다. 장관은 관련 업무의 전문성뿐만 아니라 조직관리, 국회관계, 국민설득 등 행정능력이 필요하다는 점을 인식해야 할 것이다.

좋은 사람 찾기에 공들여야

흔히 '인사가 만사'라고 하며 인사의 중요성을 강조한다. 그러나 현실은 반드시 그렇지 않은 것 같다. 기업에서 기업소유주인 회장이 계열사 사장을 선임하는데 본인이 직접 상대를 면담도 하지 않고 다른 사람의 추천만으로 임명하는 경우는 없다. 그러나 정부에서는 그런 일이 일어난다. 장관이 임명장을 받을 때 대통령을 처음 보는 경우가 없지 않다. 필자도 그런 경험을 했다. 중요한 국정을 맡기는 자리라면 그 일을 할 사람이 어떤 사람인지, 어떤 철학을 지닌 사람인지 알기 위해 충분한 대화가 필요하다.

대통령 비서실의 중요한 기능 가운데 하나도 유능한 인재 발굴이라고 본다. 어떤 기업에서는 임직원 평가에서 중요한 것 가운데 하나는 유능한 인재를 추천하는 것이라고 한다. 회사를 발전시킬 인재를 발굴해서 데려오는 것은 본인이 직접 회사에 공헌하는 것과 같다는 논리다. 그러므로 좋은 인재를 발굴하기 위해 많이 노력해야 한다. 대통령이 평소에 장관 후보를 고른다면, 예컨대 주말에 분야별로 유능한 인사를 초청해 비공식적 토론모임을 하는 것도 한 방법이다. 관련 분야의 문제를 토의하면서 관련 인사들을 평가할 수 있다.

인사 관련 부서도 인재에 대한 폭넓은 정보 수집을 기초로 이를 잘 판단할 수 있는 체계를 갖추어야 한다. 현실적으로 정보기관의 주요 인사 동향 보고가 중요한 자료가 되지만 이를 객관성 있게 확인하는 노력도 필요하다. 때로는 일선에서 정보 수집하는 사람의 친소관계에 따라 사실이 왜곡되는 경우도 없지 않으므로 이를 견제할 수 있는 시스템이 필요하다.

현실적으로 중앙부처의 과장급 이상 공무원은 관련 정보기관의 직원과 좋은 관계를 유지하려고 한다. 그 이유는 관련 정보기관에서 자기 신상에 관해 어떤 보고를 하는지 모르기 때문이다. 예컨대 똑같은 공무원을 평가하는데 어떤 사람은 '강직하다' 고 보고하고 어떤 사람은 '친화력이 없다', '독불장군이다' 라고 평가한다. 때로는 확인되지 않은 루머성 보고도 많은 것 같다. 보고자에 따른 왜곡이 없게 객관성 없는 자료는 최소화해야 한다.

개혁할 때 개혁 대상계층 출신을 개혁 책임자로 앉히는 데도 유의해야 한다. 기존 교수나 교사의 이익을 해치는 교육개혁을 할 때 사범대 교수 출신을 교육부장관으로 임명하면 제대로 개혁하기가 어렵다. 동료, 제자가 교수·교사이고 그들과 계속 교류해야 하는데 그들의 이익과 반하는 개혁을 하기는 어렵다.

청와대 인사부서에는 인사업무나 공직기강업무 담당자뿐만 아니라 각 분야별로 기관의 특성과 관련 인사를 잘 아는 유능한 사람을 배치해야 한다. 예컨대 경제정책에 대한 이해가 부족하거나 경제계를 잘 모르는 인사가 경제부처 고위관리 인사담당 비서관이 되는 경우가 많다. 이럴 경우 규제완화가 필요할 때 정부역할을 중시하는 인사를 천거하는 잘못을 범할 수 있다.

인사권의 청와대 집중은 지양해야

과거정부에 비해 참여정부에서 인사권의 청와대 집중이 심해졌다. 공직 후보자의 비리 여부를 점검한다는 명분으로 공무원 국장급 이상의 인사에 관여했다. 또한 공기업의 자회사 또한 사외이사까지 영향력을 행사했다. 인사권의 지나친 청와대 집중은 부작용이 크다. 즉 공무원이나 공기업 간부가 일을 열심히 하여 기관장에게 인정받기보다는 인사청탁이나 하러 다니는 분위기를 조성한다.

청와대 비서관이 부처나 공기업 간부의 능력이나 평판을 기관장보다 더 정확히 알 리가 없는데, 인사에 관여하는 것은 합리적이라 할 수 없다. 기관장이 자기를 보좌할 참모를 스스로 선정하지 못하게 하면서 기관 운영 결과에 책임을 지라는 것은 논리적으로 맞지 않다고 본다.

각종 비리관련 여부를 점검한다는 명분으로 청와대가 사전협의를 받는데, 이 문제는 사전에 해당 인물은 문제가 있으니 승진시키지 않도록 사전에 통보하면 될 것이다. 기관장의 책임 행정 면에서, 조직 기강 확립 면에서 기관장의 인사권을 존중해주어야 할 것이다.

분야별 개혁 과제

지방공무원의 기획능력 향상

지방분권화 정책이 강력히 추진되면서 지방공무원의 권한과 역할이 증대되고 있다. 인·허가 등 많은 권한이 중앙정부에서 이관 또는 위임되었고 재정 면에서도 지방교부금이 늘어나는 등 지방공무원의 재량이 늘었다. 예컨대 지방자치단체가 자율적으로 사용할 수 있는 지방행정교부금이 2000년에는 내국세의 15%로 8조 2,000억 원이었는데 2006년에는 19.24%로 20조 4,000억 원이 되었다.

이같이 지방공무원의 역할과 권한이 커지는 데 비해 기획능력이나 서비스 수준은 기대에 못 미친다는 주장이 많다. 일부 기업체에서는 각종 인·허가 권한이 지방에 이양된 후 지방공무원의 부당한 일처리와 늑장 처리로 오히려 불편하다고 한다. 과거에 비해 지방공무원의 자질과 능력이 향상되었으나 아직 만족할 수준은 아니라는 것이다.

지방의 권한이 강화되면서 지방공무원의 기획능력 향상이 절실해졌다. 중앙정부의 권한이 강하던 시기에 지방공무원은 대부분 중앙정부가 수립한 계획을 집행하는 수준이었다. 많은 경우 지방자치단체가 수립하는 조례안까지 중앙정부에서 작성해 내려 보냈다.

그동안 지방공무원은 중앙공무원에 비해 교육훈련이나 사기 면에서 떨어진 것이 사실이다. 젊은 공직 지망생들이 대부분 중앙정부로 갔고 1980년 이후 추진된 공무원의 장단기 해외연수도 중앙공무원 위주로 추진되어 지방공무원은 혜택을 별로 못 보았다.

예를 들면 기획예산처의 경우 2006년 1월 서기관 이상 전체 105명 중 76명이 해외에서 석·박사 학위를 받은 반면 전북도는 서기관급 이상 116명 중 5명이 해외에서 석·박사 학위를 받았다.

지방공무원의 자질을 향상하기 위한 대안으로 사무관 수준의 실무공무원을 대상으로 1~2년 동안 해마다 100~200명씩 국내 또는 해외연수를 통해 집중교육하는 특별 프로그램을 만들 필요가 있다. 중앙공무원의 경우 1980년대 시작된 2년 기한의 장기 해외연수 프로그램이 공무원의 안목을 넓히고 국제감각을 익히는 데 크게 기여했다. 다행히 최근에는 지방공무원도 해외연수 기회가 늘고 있다.

지역에 따라 다양한 교육 프로그램을 실시하기도 한다. 예컨대 전남 장성군은 공무원과 주민의 자질을 향상하기 위해 다양한 교육프로그램을 실시한다. 그중 하나로 매주 금요일 저명인사나 각계 전문가를 초청해 '장성 아카데미'라는 강연회를 실시한다. 군 청사에 전용 강연장을 마련하고 10년 동안 한 주도 거르지 않고 계속했다. 처음에는 귀찮아하던 공무원과 주민의 반응이 무척 좋아졌으며 많은 지역이 벤치마킹한다. 또 기존 공무원의 자질 향상과 함께 다양한 방법으로 유능한 인재를 충원해야 한다. 중앙부처 공무원과 교류도 확대하고 민간전문가 채용도 늘려야 한다.

지방재정 낭비 대책

전반적인 분권화, 자율화 추세에 따라 지방자치단체의 역할이 점점 커지고 있다. 재원 면에서도 지방재정의 비중이 확대되고 있다.

지방재정의 총규모는 1990년의 22조 9,000억 원에서 2005년에는 107조 원으로 4.7배 늘었다. 예를 들어 기초자치단체인 용인시의 재정 규모가 2006년 일반회계와 특별회계를 포함해 1조 원을 상회한다. 세입 면에서 국세와 지방세 비율은 2006년 79:21로 국세가 압도적으로 높지만 중앙정부가 교부금·보조금 등 많은 부분을 지방자치단체에 이전함으로써 실제 가용재원 기준으로 보면 중앙과 지방자치단체가 42:58의 비율로 지방자치단체의 몫이 크다.

지방에 이전되는 재원 중에서도 보조금 예산은 용도 등을 중앙정부가 정하기 때문에 지방자치단체로서는 자율성이 제한된 반면 교부금 등은 비교적 용도 제한이 없어 자율적으로 사용할 수 있다. 지방 교부세의 법정 교부율이 2000년 내국세의 15%에서 19.24%로 인상됨에 따라 중앙정부 이전재원 중 지방자치단체가 자율적으로 쓸 수 있는 재원의 비중은 2003년 60.3%에서 2005년에는 81.4%로 늘었다.

수요자 위주의 행정이라는 면에서 지방자치단체의 권한이 확대되는 것은 바람직하다. 그러나 권한과 함께 책임이 따라야 한다. 중앙정부는 국회, 감사원, 언론기관, 시민단체 등의 견제를 많이 받지만 지자체는 견제장치가 미흡하다. 그 결과 지방재정의 권한이 커지는 추세에 따라 비효율적인 지출이 늘고 있다.

그동안 언론 등에서 효율성이 의심되는 사업으로 지적한 몇 가지 예를 들어본다. 우선 민간단체 등에 대한 경상보조금이 2002년의 14억 356만 원에서 2005년에는 29억 883만 원으로 급증했다. 각종 축제성 행사 경비가 2002년 732억 원에서 2005년 1,225억 원으로 늘었다. 아울러 많은 지방자치단체가 경쟁적으로 청사를 신축하고 있다. 지역경제 활성화를 위해 기업유치에 인센티브를 주어야 할 경우에는 재원이 없다고 해놓고 청사 건립에는 열중하는 모습이다.

또 수익사업 명분으로 많은 공기업을 설립하거나 운영하는데, 경영관리 능력부족 등으로 부실한 경우도 많다. 많은 경우 경영능력도 없는 공무원 퇴직자가 방만하게 운영한 결과다.

지방재정의 낭비를 막기 위한 대책은 무엇인가.

첫째, 지방재정 운용을 담당하는 지방자치단체장과 지방공무원이 청렴성 외에 경영마인드를 갖추어야 한다. 오랫동안 중앙집권적인 행정으로 대부분의 중요한 기획은 중앙정부가 하고 지방자치단체는 단순히 집행하는 게 관행이었다. 또 경제행정뿐 아니라 일반 복지행정 등 다양한 업무를 수행하다보니 비용개념 같은 경영마인드도 부족하다. 이를 위해 지자체 공무원의 경영마인드 제고 교육을 강화하고 투자의 경제성 분석 등을 전담하는 직원을 양성해야 한다.

둘째, 지방의회의 견제 기능을 강화해야 한다. 2006년부터 지방의회 의원이 유급화되어 전문직의 진출이 확대될 것으로 기대되나 그동안 경험으로 보면 지방의회 의원이 전문성 부족 등으로 견제기능이 미흡했다. 지방의회 의원의 견제능력 향상을 위해 모범적인 혁신사례 제공, 세미나 개최, 각종 교육연수 기회 제공 등 다양한 대책을 강구해야 한다.

셋째, 감사원의 감사기능도 강화해야 한다. 현재 감사원 지방행정감사국의 7개 과가 지자체 감사를 전담한다. 현실적으로 가장 확실한 지자체 견제 기능을 감사원이 수행하는 셈이다. 이때 대중적인 건수 위주의 적발보다 시스템 위주로 문제점을 제기하는 것이 중요하다.

넷째, 가장 중요한 것으로 각종 정보 공개에 따른 주민 감시가 필요하다. 단순한 정보 공개가 아니라 행정 비용과 성과를 연도별로 다른 지역이나 민간부분과 비교할 수 있도록 의미 있게 공개해야 한다.

예컨대 지방공기업은 단순히 얼마 흑자, 적자가 아니라 자본이익률 ROE, 자산이익률 ROA 등도 공개해야 한다. 민원처리 만족도, 쓰레기 처리속도, 환경오염 정도, 교통소통 정도, 지방재정의 건전성, 기업유치, 교육개선, 각종 건설공사발주 방법 공개, 수의계약, 낙찰률 등 알기 쉬운 각종 지표를 많이 개발해 주민과 시민단체 등이 견제기능을 하도록 체계화해야 한다.

지자체 공무원으로서는 정보공개에 소극적일 수 있으므로 당분간은 행정안전부 등에서 구체적인 정보공개 내용 등을 정해 의무화하는 것도 필요하다.

국유재산 부실관리로 막대한 손해

정부가 세출예산을 낭비하는 문제에는 국민이나 언론, 전문가들이 지적을 많이 한다. 예컨대 연말에 멀쩡한 보도블록을 교체하면 예산 낭비라고 비판한다. 그러나 국유재산 관리 과정에서 더 많은 수익을 올릴 수 있는데도 제대로 수익을 얻지 못하는 데는 별로 문제를 제기하지 않는다. 정부가 100억 원을 필요 이상으로 더 지출하는 것이나 수익을 100억 원 올릴 수 있는데 이를 게을리 하는 것은 국고에 손해를 끼치는 점에서 같다.

2004년 말 기준으로 국유재산은 217조 4,253억 원이다. 2003년 말 국유지 면적은 2만 2,668㎢로 전체 국토면적의 22.7%에 이른다. 필자가 기획예산처 차관이던 2000년 정부는 세입부족으로 어려움을 겪었다. 당연히 세출예산 줄이기와 세금을 더 걷는 노력을 강화했다. 당시 기획예산처에 특별작업반을 만들어 국유재산 수입은 어떤지 점검했더니 문제점이 많이 발견되었다. 즉 국유재산관리자들이 민간기업처럼 수익을 올려야겠다는 생각이 거의 없었다.

당시 조사결과 나타난 몇 가지 예를 들겠다. 서울시 백병원 뒤에 있던 남대문 세무서는 서울시 중심지에 위치하는데 대지가 4,297㎡, 연건평은 1,950㎡로 용적률도 57%만 사용했다. 동 지역은 허용 용적률이 600%로 법적 용적률의 9.5%만 활용하고 있었다(남대문 세무서는 문제점이 제기된 이후 개선방안으로 수익성을 높이기 위해 대규모 빌딩을 짓고 있다). 농림부, 국세청 등 21개 관리청 소관 행정청사 874개의 토지 활용률도 법적 용적률 대비 16%에 불과하다.

농림부 산하 국립종자관리소 등 7만 9,339㎡에 달하는 5개 청사는 경기도 안양시 안양동 일대 상업지역에 산재해 법적 용적률이 800%인데 실제 용적률은 평균 51%로 법적 용적률 대비 6.3%만 활용되고 있다. 개발과 활용이 비교적 용이한 잡종재산도 임대 등으로 활용되지 않는 토지가 77%인 1억 7,851만 3,200㎡ 중 1억 3,884만 3,600㎡나 차지한다.

국유재산이 민간에 비해 활용률이 낮음은 불가피한 면도 있다. 미래의 도로나 청사확충 등에 대비해 미리 확보하는 경우도 있으나 그렇지 않은 경우도 많다. 지방에 국유지가 많이 있어 청사를 합동으로 건립해 사용하면 될 일도 예산 확보가 제때 되지 않아 입주 대상기관 중 일부는 다른 건물을 짓는 경우도 있다. 또 투자 예측을 잘못해 사놓고 보니 당장 쓸 일이 없는 경우도 있다.

이와 같이 국유재산관리에 문제가 많음에도 불구하고 사회적으로 별 쟁점이 된 적이 없었기 때문에 고위 정책담당자의 관심은 별로 없었다. 마침 전윤철 전 감사원장이 취임했을 때 필자가 이 문제의 중요성을 건의하였다. 이에 대해 전 원장의 특별지시로 국유재산관리 종합감사를 실시하여 2005년 감사결과와 대책을 발표하였다. 종합적인 개선방안이 잘 정리되었다고 생각되며 여기서는 반복하지 않겠다.

다만, 개선 대책으로 다음과 같은 점을 강조한다. 국유재산 관리를 단순보존 위주에서 개발·활용해 수익성을 극대화해야 한다. 미래에 대비해 필요하면 국유재산을 더 확보하되 수익성을 올릴 것은 민간기업처럼 최대한 활용해야 한다.

　국유재산 활용을 체계적으로 강화하려면 국유재산 관리조직을 강화해야 한다. 기획재정부 국고국에 국유재산과가 전체 200조 원이 넘는 국유재산관리의 총괄, 기획 업무를 수행하고 실제 관리는 각 부처·청과 지방자치단체, 공기업 등에 위임한다. 국유재산과는 수많은 질의·응답에 인력과 시간을 사용하느라 막대한 국유재산을 관리하기에는 인원이 부족하다. 위임받은 각 부처나 지자체가 잘하면 된다고 생각할 수도 있으나 그 기관들은 국유재산관리로 인한 수익성 증대에 큰 관심이 없다.

　각 부처는 활용률이 떨어지더라도 될 수 있으면 독립청사에서 넓게 쓰려고 할 것이다. 활용률이 높아져 수입이 늘어도 자기기관 수입이 안 되므로 신경 쓸 이유가 없다. 지방자치단체도 국유재산 수입을 올리기보다는 자기 지역 주민에게 인기를 끄는 것이 더 중요하다. 주민의 국유지 무단점유에 지방자치단체의 단속이 소홀한 것이 일반적이다. 방대한 국유재산을 효율적으로 관리하려면 현재 조직으로는 미약하므로 강화해야 한다.

　기구 확대의 당위성은 또 있다. 국유재산 관리기구 강화는 통일을 대비해서도 필요하다. 북한은 대부분 국유재산이므로 통일 후 북한의 수많은 공공재산관리를 위해서는 전문가가 많이 필요하다. 이 점에서도 국유재산전문가 양성과 시스템은 정비해야 한다.

　공공기관이 수입을 더 올릴 수 있는데도 이를 게을리 하면 예산낭비처럼 엄하게 다루어야 한다는 점을 다시 한 번 강조한다.

국가전략사령부 기능 강화

세계화 · 정보화 등으로 우리의 경제 · 사회 여건은 급속도로 변하고 있다. 기업도 10~20년 후를 예측해 무슨 사업을 해야 할지 준비한다. 국가는 더욱 미래에 대비해 변화와 개혁을 끊임없이 지속해야 한다. 현재의 국정운영 시스템으로는 미래에 대비하기 위한 국가전략사령부의 기능이 미흡하다. 현재 시스템은 무엇이 문제인가.

각 부서는 나름대로 중장기 전략과 계획을 수립하고 필요한 제도개혁을 추진한다. 각 부처의 중장기 계획이 그 부처와 관련 당사자의 이해와 부합되는 과제는 비교적 문제 제기도 잘 되고 대책도 신속히 수립한다. 그러나 국가 전체적으로 필요한 개혁이지만 관련 부처의 이익과 합치하지 않으면 문제 제기가 제대로 안 되기 십상이다. 예컨대 농수산식품부는 개방이 확대되는 상황에서도 어떤 형태로든 농업 투자를 늘리려고 할 것이다. 국토해양부는 계속해 도로 등 SOC●투자를 늘리려고 할 것이다. 교육과학기술부는 교육개혁을 여러 번 추진했으나 수요도 별로 없는 제2외국어 교육의 의무화를 그대로 유지한다. 관련 기득권층의 반발을 우려한 것이다.

이와 같이 어떤 분야의 비효율을 없애고 잘못된 기득권을 줄이는 것은 자체의 개혁만으로는 기대하기 어렵고 경우에 따라서는 외부의 압력이 불가피하다. 또 여러 개혁과제가 제기될 때 과제가 상충될 수도

●SOC 사회간접자본Social Overhead Capital의 약자다. 사회간접자본은 통상 전기, 통신, 도로, 항만 등 물적자본을 나타내나, 광의로는 사법제도, 교육 등 사회제도까지 포함한다.

있다. 막대한 재원이 소요될 경우에는 우선순위를 조정할 필요도 있다. 따라서 전체적으로 이를 종합·조정할 기구가 필요하다.

민주주의 국가에서 국가 비전과 개혁과제^{National Agenda} 설정은 정부의 몫이다. 실제로 대통령 후보는 집권공약을 하고 당선된 후 공약을 중심으로 정책을 추진한다. 현실적으로 선거공약은 인기 위주의 장밋빛 청사진이 되기 쉽고, 집권하면 실천 가능성을 행정부처에서 검토하게 되는데, 그 과정에서 앞에 언급한 것 같은 문제가 발생한다.

부처의 이익과 부합되면 잘 추진되지만 부처의 이익과 반대되는 경우에는 반대하거나 제대로 추진하지 않는 게 현실이다. 이런 점에서 정부에 부처의 이익을 떠나 중립적으로 국가 장래를 위해 미래전략을 구상하고 필요한 개혁을 추진할 구심체가 필요하다.

일부에서는 한국개발연구원^{KDI} 같은 정부 외의 연구기관이 개혁과제를 맡는 것이 일관성 있고 더 개혁적이라고 주장한다. 그러나 중장기 계획과 비전을 단지 수립하는 데 그치는 것이 아니라 이를 실제로 개혁하고 정책에 반영하려면 정부기관으로서 구심체가 필요하다.

한국개발연구원이 중장기 계획과 비전을 정부기관보다 더 이상적으로 잘 수립할지 모른다. 하지만 각 부처가 부처 이익에 반해 제대로 추진하지 않을 때 누가 독려하고 조정할 것인가. 개혁 과정에서는 불가피하게 기득권을 박탈당하는 사람이 나오게 되므로 많은 저항에 부딪힌다. 이를 극복하려면 걸맞은 위상과 권위가 뒷받침되어야 한다.

정권의 개혁과제는 대통령이 결정한다. 그러나 정부에 미래전략사령부 기능을 하는 기구가 있어 상시 여러 과제를 검토하면 새 정권이 제시하는 과제가 현실성이 있는지 쉽게 검증하고 미리 준비한 새로운 과제도 추진할 수 있다.

이 같은 미래전략기구는 두 가지 조건을 충족해야 한다.

첫째, 각종 이해관계자에게서 자유로워야 한다.

둘째, 결정된 전략이 일관성 있게 추진되기 위해 관련 부처를 조정할 권위가 확보되어야 한다.

이번 정부조직개편으로 기획재정부가 국가전략사령부 기능을 수행할 것으로 기대한다. 필자의 주장이 중앙집권식 계획경제시대의 사고방식이라고 오해하지 않기 바란다. 관련 부처의 이익과 상반되거나 종합조정이 필요한 개혁과제는 챙기지 않으면 제대로 추진되지 않는다. 따라서 이 같은 과제를 발굴하고 일관성 있게 추진할 주체가 필요하다.

과거 경제기획원과 재정경제원의 사례를 들어보자. 우리나라 경제발전 과정에서 경제기획원은 구심체 역할을 했다. 1961년 5·16쿠데타 이후 그해 7월에 경제기획원이 신설되었다. 1963년 12월 경제기획원장관은 경제부총리로 격상되어 경제부처의 팀장 역할을 했다. 1994년 12월 문민정부 시절 재무부와 합쳐서 재정경제원으로 통합되면서 경제기획원은 폐지되었다.

당시 경제기획원장관은 부총리로 일반 경제부처보다 직급이 높았으며 경제장관회의나 각종 경제정책조정회의를 주관했다. 단기적으로는 매년 초 그해의 경제운용 계획을 수립하고 중장기적으로는 경제·사회개발 5개년 계획 등 각종 중장기 계획을 수립했다. 경제정책의 주요 골격은 경제기획원이 주도했다고 해도 지나친 말이 아니었다.

다른 나라에도 중장기 계획을 수립하는 기능을 하는 기관은 있지만, 이를 일관성 있게 추진까지 담당하는 기관은 없다. 그런 점에서 과거 경제기획원은 IBRD나 IMF 등 국제기구나 다른 개발도상국의 벤치마킹 대상이 되기도 했다.

당시에는 경제기획원의 영어 이름인 EPB^{Economic Planning Board}가 널리 알려졌다. 경제기획원은 장·단기 국가 비전 제시와 함께 이를 추진하기 위한 자원분배 기능을 담당했다.

1960~1970년대 경제개발 과정에서는 국내저축이 부족해 해외에서 외국인 투자를 유치하거나 차관을 들여와 투자자금을 조달했는데 그 업무를 경제기획원이 담당했다. 외자조달 업무 비중이 줄어든 1970년대 후반 이 업무는 재무부로 이관되었다. 자원분배에서 가장 중요한 국가예산 업무는 재경원으로 통합될 때까지 경제기획원이 담당했다. 장단기 정책을 경제기획원 주도로 일관성 있게 추진한 배경에는 한 부처에 계획 기능과 예산 기능이 함께 있었기 때문이다. 또 경제기획원 장관의 원활한 정책조정 기능도 예산 배정권을 갖고 있었기 때문에 가능했다고 볼 수 있다.

경제기획원이 다른 부처와 다른 점은 특정 분야, 특정 산업만을 담당하는 것이 아니라 전반적인 국가경제를 대상으로 함으로써 생각하는 범위가 넓고, 한 분야에 치우치지 않으며 균형감각 있게 본다는 것이다. 경제기획원은 부처 특유의 보호해야 할 특정 계층이나 집단이 없다. 예컨대 재무부는 금융기관, 산자부는 기업체, 농림부는 농민, 노동부는 근로자 등 각 부처는 지켜야 할 이익집단이 있다.

하지만 경제기획원은 그럴 필요가 없다. 그런 점에서 사고가 자유롭고 개방적인 조직문화가 조성되었다. 당시 정부부처 중에서 가장 자유롭고 개방적인 조직문화를 가졌다고 볼 수 있다.

이와 같은 조직문화에서 주무부처에서는 하기 어려운 새로운 국가적 과제를 선도적으로 제시했다. 예컨대 박정희 대통령이 역점을 두고 추진하던 중화학공업과 새마을사업 등도 2차 석유파동으로 물가상승 압력이 심해지자 과감히 줄여야 한다고 주장했다. 그 후 정부에서는 경제정책의 중점을 안정화 시책으로 전환했다.

관치금융을 당연시할 때 금융자율화˙를 제기했고, 1980년대 이후 공정거래위원회를 설립해 경쟁촉진 시책, 수입자유화 시책, 기업규제 완화 등을 주도적으로 추진했다.

경제기획원은 왜 재경원으로 통합되었는가. 어느 조직이나 마찬가지로 경제기획원도 역할이 크다보니 비판하는 사람도 많았다. 비판은 두 가지로 나눌 수 있다.

첫째, 정부 내 각 부처에서 비판이 일었다. 경제기획원이 각 부처의 업무를 심하게 간섭한다는 것이다. 자기 일이나 잘할 것이지 남의 업무를 왜 간섭하느냐는 것이다. 실제로 각 부처로서는 경제기획원을 귀찮게 느낄 때가 많았다. 재무부에는 금융기관 규제를 줄이라고 요구하고, 상공부에는 수입을 좀더 자유화하고 기업 신·증설 규제를 줄이도록 요구하며, 농림부에는 농산물 수입 규모를 확대하도록 요구했다. 건설

● **금융자율화** 1980년대에는 정부가 금리수준, 금융자금 배분, 민간 금융기관인사, 운영에 규제를 많이 하였다. 금융자율화 시책을 통해 이와 같은 규제를 폐지 또는 완화하도록 추진하였다.

부에는 토지 규제나 주택 정책에 대해 개선을 요구했다.

그러나 이 문제는 주무부처로서는 불편하지만 국가적로서는 필요한 개혁 과제였다. 정부 부처 간 정책 이견은 정부 내의 견제와 균형 면에서는 긍정적인 효과가 컸다.

즉, 주무부처에서는 하기 싫은 개혁을 경제기획원이 국민의 처지에서 요구함으로써 건전한 토론이 벌어지게 된다. 정책추진 여부 권한은 주무부서가 갖고 있으므로 주무부서가 논리적으로 합당하면 경제기획원이 아무리 요구해도 안 들으면 그만이다. 그러므로 경제기획원이 논리적으로 합리적이지 못한 정책은 강요할 길이 없다. 재무부의 금융자율화, 상공부의 기업 신·증설 규제 등의 경우 경제기획원의 문제 제기로 개선이 촉진되었다고 볼 수 있다.

둘째, 학계나 언론계 또는 경제기획원의 정책방향에 반대하는 기업이나 이익단체에서는 민간주도, 자율화 시대에 중앙집권적이고 계획경제의 주역인 경제기획원은 폐지해야 한다는 주장이 대두되었다. 이 문제도 경제기획원이 5개년 계획 등을 수립하는 것을 보고 정부 주도의 대표적인 기관으로 오해한 데서 비롯되었다. 경제·사회개발 5개년 계획은 계획의 성격이 반드시 목표를 달성해야 하는 것이 아니라 정부의 정책방향을 제시한 유도 계획이었다. 그와 같은 계획조차도 경제기획원 스스로 1990년대 중반부터는 수립하지 않았다.

그리고 1980년 이후 경제기획원은 민간의 역량이 커지고 대외개방이 불가피해짐에 따라 수입자율화, 규제완화, 경쟁촉진시책 등 민간주도, 시장기능 활성화 대책을 강력히 추진했다. 특히 각 부처가 규제를 줄이고 민간의 자율성을 높이도록 유도했다.

그런데 역설적으로 정부 내에서 민간자율을 가장 강하게 주장하는 경제기획원이 민간주도 시대에 걸림돌이라는 오해를 받아 없어졌다. 이같이 일종의 여론재판에 따라 경제기획원은 재무부와 합쳐져 재정경제원으로 통합되었는데, 결과적으로는 득보다 실이 컸다고 본다.

그렇다면 재정경제원의 장·단점은 무엇인가. 필자는 마지막 경제기획원 경제기획국장과 같은 조직이 이름만 바뀐 재정경제원 초대 경제정책국장을 역임했다. 따라서 두 기관의 역할과 장·단점을 현장에서 느낄 수 있었다.

재정경제원은 경제정책에서 가장 중요한 정책수단인 예산, 세제, 금융 등 권한을 한 부처가 다 갖게 되고 장관의 직급도 부총리였다. 따라서 영향력 면에서 다른 부처와는 비교할 수 없을 정도로 막강했다. 재경원이 결정하면 무슨 정책이든 일사불란하게 진행되었다. 즉 예산을 확대하고 세금을 감면하며 금융지원을 강화할 수 있었다. 반면에 재경원의 동의를 못 받으면 예산지원, 세금감면, 금융지원 등 아무것도 할 수 없었다. 당시에는 재경원 장·차관 주재 실장, 국장급 간부회의에서 우리나라 주요 정책이 결정되었다.

과거 경제기획원, 재무부 시절에는 주요 정책이 경제부총리, 재무부장관, 경제수석비서관 3자 협의에서 많이 결정되었다. 재경원 시절에는 권한이 재경원장관 겸 경제부총리에게 지나치게 집중되었다. 따라서 경제부총리와 경제수석비서관이 의견 차이가 있을 때 조정하기가 쉽지 않았다. 각 부처는 재경원에 잘못 보이면 어떤 정책도 제대로 추진하기 어려운 실정이었다.

전에는 재무부에 세금 감면을 요구하다 안 되면 경제기획원에 응원 요청을 하기도 했으나 이제는 그런 방법이 없어졌다. 당시 상황을 언론은 "과천에 토론이 없어졌다"고 보도했다. 그전에는 부처끼리 이견이 많다며 "정책에 불협화음이 많다"고 보도했다. 주요 정책수단이 한 부처에 집중되니 어떤 정책이 일관성 있게 추진되는 점은 강화되었으나 재경원의 독주 문제가 발생했다. 이번에는 각 부처가 재경원이 너무 공룡부처가 되어 문제가 있다고 불평했다.

아울러 미래지향적 중장기 정책개발에 소홀해졌다. 권한이 집중되자 재경원장관은 현안 업무처리에 바빠 미래 문제 등에 관심을 둘 시간이 없었다. 1997년 가을 외환위기가 발생한 당시도 정기국회 시기였다. 국회에서 예산안 심의 등 과거 기획원장관과 재무부장관 두 사람 몫의 일을 하다보니 재경원장관이 외환관계 문제에 집중할 수 없었던 데도 원인이 있다. 실제 재경원장관의 업무범위가 너무 컸다.

따라서 구조적이고 중장기적인 과제에 대한 부총리의 관심도가 현안 문제에 밀려 경제기획원 시절보다 재경원 시절에 떨어졌다고 생각한다.

국민의 정부가 시작되자 재정경제원은 권한이 크고 비대하다는 지적을 의식해 재정경제부로 격하되면서 직급도 부총리에서 다른 부처와 같이 국무위원급이 되었다. 그리고 예산 기능은 기획예산처로, 금융감독 기능은 금융감독위원회로 분리되어 과거 재무부 비슷한 조직이 되었다. 그 후 경제정책 조정이 필요함을 인식해 재경부장관을 다시 경제부총리로 격상시켜 참여정부 시절까지 유지되었다.

참여정부 시절 재경부 장관 겸 부총리가 과거 경제기획원장관 겸 부총리와 외견상 비슷하지만 실제적인 역할 면에서는 차이가 많았다. 우선 재경부에는 예산기능이 없어 부총리의 조정 기능에 힘의 뒷받침이 약했다.

경제정책은 외교, 국방 등 다른 정책과 달리 정책 간의 조화Police Mix가 잘 이루어져야 한다. 예산, 세제, 금융, 산업정책 등이 한 방향으로 조화롭게 추진되어야 하고 이를 위해서는 원활한 조정 기능이 필요하다.

감사원의 시스템 개혁기능 강화해야

감사원은 사정기관의 하나로 인식되고 있다. 실제로 감사원법에 따르면 감사원은 회계감사와 직무감찰이 주요 기능이다. 국민의 세금을 제대로 잘 사용하는지, 공무원이 공정하고 적법하게 법집행을 하는지 감시하는 것은 중요하다. 이 같은 기능 못지않게 중요한 것이 정부가 정책을 추진하는 과정에서 나타나는 비합리적인 문제점을 발견해 구조적인 개혁방안을 도출해내는 것이다. 우리나라에서 감사원만큼 정부 각 기관의 운영 실태에 대해 상세한 정보를 갖고 있을 뿐만 아니라 영향력이 큰 기관이 없기 때문이다.

감사원은 일반 부처부터 국방부, 권력기관이라고 일컫는 대통령 비서실, 검찰, 경찰, 지방자치단체, 공기업, 정부산하기관 등 넓은 의미의 모든 공공기관을 감사한다. 감사결과 회계 부정이나 직무상 위법행위만 지적할 것이 아니라 국민에 대한 서비스가 제대로 안 되면 무엇 때문에 안 되는지를 시스템적으로 분석해 지적하면 더욱 좋다.

예컨대 예산이 낭비되면 그 사업만 볼 것이 아니라 구조적인 문제가 없는지 따져보아야 한다. 예산당국은 책정된 예산이 실제 어떻게 쓰이는지 정보가 없는 반면, 감사원은 실제 집행과정을 알 수 있으므로 구체적인 문제점과 개선방안을 찾을 수 있다. 또한 대부분의 공무원은 업무처리에서 고객인 국민의 반응보다는 감사를 매우 의식한다. 즉 국민을 위해서 필요한 일이라도 그것이 감사에서 지적당할 것 같으면 꺼리는 것이 보통이다.

국토해양부의 경우 건축에 관한 민원이 너무 많아 본연의 업무가 지장을 받을 정도다. 그 원인을 분석하면 주민들이 시·군에 건축허가를 신청하면 담당공무원이 허가해주어도 되는지 애매한 경우 민원인에게 국토해양부에 질의해 답변을 받아오게 하는 경우가 많다. 건축허가를 해준 후 감사에서 문제가 될 경우 책임을 회피하기 위해 민원인에게 국토해양부의 유권해석을 받아오게 하는 것이다. 위의 경우에서 보듯이 공무원은 감사 방향에 따라 영향을 많이 받는다.

그동안 감사원의 감사는 합목적성보다는 합법성에 중점을 두었다. 법치주의 국가에서 공직자가 법을 지키는 것은 당연하므로 법을 어기면서 합목적성을 추구할 수는 없다. 여기서 지적하고자 하는 것은 기존의 법령이나 제도가 국민에게 서비스하는 데 불편한 점이 있으면 담당공무원에게 기존 법령을 지키게만 할 것이 아니라 법령의 범위에서 합목적적으로 운영하거나 아예 제도를 고치도록 해야 한다는 점이다.

어느 조직이든 조직문화는 조직의 최고 책임자의 성향에 영향을 받을 수밖에 없다. 역대 13명의 감사원장은 박정희 대통령 시절에는 군인 출신이 5명, 그 후에는 법조인 출신 7명, 일반 행정 공무원 출신 1명이었다.

이 같은 인사로 감사원은 사정기관으로서 합법성 위주의 조직문화가 형성되었을 것이다. 공직사회를 고객위주의 서비스 기관으로 개혁하려면 감사원이 경영마인드를 갖추고 서비스정신으로 감사 방향을 전환해야 한다. 그러기 위해서는 감사원의 인적구성, 감사방향, 조직문화도 그런 방향으로 바뀌어야 한다. 즉 인적구성 면에서 법률전문가나 사정마인드가 강한 인사에서 경영마인드가 강한 인사가 많아져야 한다.

감사원장 인선과 관련된 에피소드를 소개한다. 필자가 1999년 기획예산처 차관 시절 한승헌 감사원장이 임기가 만료되어 후임원장을 선임할 시기였다.

위에 적은 이유에서 필자 생각으로 이번에는 법률전문가보다는 경영마인드가 강한 분이 감사원장이 되면 좋겠다는 생각에서 2쪽짜리 건의서를 만들었다. 미국, 영국, 일본의 감사원장을 조사해보니 일본은 우리와 비슷하게 법률을 전공하고 감사기관 근무 경력이 있는 분이었고, 미국과 영국은 경제학박사 또는 회계사 경력이 있는 분들이었다. 당시 감사원장은 변호사 출신이고 6인의 감사위원은 법원, 검찰, 경찰, 감사원 출신으로 대학 전공학과는 대부분 법률이었다.

기획예산처 업무와 감사원 인선과는 연관이 전혀 없었으나 정부개혁을 위해 개인적인 생각에서 그와 같은 건의서를 만들어 사적으로 청와대 비서진이나 언론계 인사 등에게 이야기했다. 그랬더니 어느 날 청와대 인사가 진념 기획예산처 장관이 감사원장이 되고 싶어 차관이 로비하고 다니느냐고 농담반 진담반으로 이야기했다. 그 순간 깜짝 놀랐다. 당시 진 장관은 그런 내용을 알지도 못했는데 괜한 사람 오해받게 했구나 싶어 그 이야기를 중단했다.

참여정부가 들어서면서 같은 취지의 건의를 정권 인수위 인사에게 한 적이 있다. 다행히 참여정부에서 경영마인드를 가진 인사가 감사원 장이 되어야 한다는 공감대가 형성되어 고려대 윤성식 교수가 선정되 었으나 국회 동의를 못 받았다. 전윤철 전 감사원장은 군인이나 법조인 이 아닌 경제나 경영관련 인사로는 최초의 감사원장이다.

감사위원도 경제·경영관련 인사가 많아지는 등 감사원 분위기가 과거의 사정기관적 성격에서 경영마인드적 개혁기관으로 바뀌고 있다. 전윤철 감사원장 취임 이래 감사원의 역할이 많이 변했다고 생각한다. 최근 감사원 내에 평가연구원을 신설해 조세정책연구원장 출신인 송대 희 박사를 임명하는 등 감사원의 방향이 시스템개혁 등에 중점을 두는 것도 긍정적인 방향으로 진일보한 것이라고 본다.

앞으로 감사원은 사정기관적 성격에서 컨설팅 기관으로 성격을 강 화해야 한다. 이를 위해서는 인적구성면에서 감사원장과 감사위원뿐만 아니라 직원도 법률전문가와 함께 MBA 같은 경영마인드가 있는 경력 자를 많이 충원해야 한다. 또 기존직원의 교육훈련에서도 컨설팅 기관 으로서 안목을 갖출 수 있도록 경영혁신 교육을 강화해야 한다. 경영대 학원과 제휴해 특별 프로그램을 만드는 것도 생각해볼 필요가 있다.

실제 감사에서 불법, 부당한 행위 적발도 중요하지만 국민의 돈을 제대로 쓰는지 Value for Money 에 중점을 두어야 한다.

예컨대 도로예산 집행감사의 경우 발주절차가 적법하게 되어있는 지만 감사할 것이 아니라 도로투자가 효율적으로 되어있는지 보아야 할 것이다. 교통량이 별로 없는 지역에 도로가 건설되었거나 고속도로,

[표 2-3] 역대 감사원 원장

	성 명	출 신
제 1 대	이원엽(李元燁)	군인
제 2 대	한 신(韓 信)	군인
제 3, 4 대	이주일(李周一)	군인
제 5, 6 대	이석제(李錫濟)	군인
제 7 대	신두영(申斗泳)	행정가
제 8, 9 대	이한기(李漢基)	법조인
제 10 대	정희택(鄭喜澤)	법조인
제 11, 12 대	황영시(黃永時)	군인
제 13, 14 대	김영준(金永駿)	법조인
제 15 대	이회창(李會昌)	법조인
제 16 대	이시윤(李時潤)	법조인
제 17 대	한승헌(韓勝憲)	법조인
제 18 대	이종남(李種南)	법조인
제 19 대	전윤철(田允喆)	경제 공무원

국도와 지방도로가 중복되어 건설되었는지 분석해야 한다.

비효율적 투자가 발견된 경우, 그 사업의 문제점만 지적할 것이 아니라 도로투자 결정 시스템의 문제점을 지적해야 한다. 분산투자로 10㎞ 구간의 도로공사가 10년 걸리는 경우도 많다. 비위공무원 적발도 중요하다. 하지만 이와 같은 비효율적인 투자가 지속되는 현행 제도에 대해서 문제의식을 갖고 시스템 개혁 방안을 지적해야 할 것이다.

감사원은 공직 분위기에 지대한 역할을 미친다. 예를 들어 행정기관 감사에서 인·허가가 적법하게 처리되었는지 보기 위해 인·허가 서류를 감사하고 그중 요건이 미흡한데 인·허가가 났으면 관련 공무원에게 책임을 묻는 경우가 일반적이다. 이렇게 되니 공무원은 인·허가에 신중해져 일부라도 요건이 충족되지 않으면 감사에 지적당하고 싶지 않아 몸을 사린다. 반면에 감사할 때 인·허가 신청서류 중 인·허가를 안 해준 서류부터 감사해 사소한 서류미비 등을 이유로 안 해준 경우 그 것을 왜 인·허가해주지 않았느냐고 하면 공직자의 서비스정신이 훨씬 나아질 것이다.

1998년 초 필자가 국민의 정부 출범을 위한 대통령직 인수위원회에 파견 나갔을 때의 일이다. 필자는 새 정부의 공약이라고 볼 수 있는 '100대 과제'•를 종합 정리하는 책임을 맡았다. 그때 감사원 개혁과 관련해 다음과 같은 내용을 추가했다. 즉 감사의 중점을 왜 인·허가를 해주었느냐에서 왜 안 해주었느냐로 바꾸어야 한다는 것이다. 감사원 이 변하면 공직사회의 분위기도 크게 변할 것이다.

완공 위주의 투자로 해마다 수천억 원 절약

정부는 해마다 도로, 철도, 공항, 항만, 댐 등 각종 토목공사와 각급 학교시설, 공공건물 등에 수십조 원을 투자한다. 한정된 예산으로 많은 사업을 추진하려다 보니 선택과 집중을 해 우선순위가 높은 사업에 집중투자하기보다는 여러 사업에 골고루 분산 투자하는 것이 현실적이다.

● **100대 과제** 1998년 2월 김대중 정부 대통령직 인수위원회가 정리한 것으로, 김대중 정부가 중점 추진할 과제를 100개로 요약한 것이다.

단기간에 할 수 있는 사업도 많이 벌려놓다 보니 완공까지 기간이 많이 걸린다. 도로를 예로 들면 경기도 청평~현리 구간은 9.9㎞에 총사업비 1,181억 원인데 사업기간은 2001~2011년이다. 전북 부안~태안 구간은 9.7㎞에 총사업비 806억 원인데 사업기간은 2001~2012년이다. 경남 합천~쌍림 구간은 13㎞에 총사업비 1,145억 원인데 사업기간은 1997~2008년이다.

대학시설도 비슷한 예가 많다. 서울대 행정대학원 연구동은 총공사비가 111억 원인데 사업기간은 2003~2009년이다. 전남대 교육공학센터는 총사업비가 154억 원인데 사업기간이 2001~2008년이다. 경북대 동물 실험 및 병원 증개축 사업은 사업비가 103억 원인데 사업기간은 2002~2008년이다.

분산투자로 사업규모가 별로 크지 않는 사업도 몇 년간에 걸쳐 조금씩 투자하는 경우는 흔하다. 예산 당국은 해마다 예산 편성지침을 작성할 때 완공 위주의 투자를 원칙으로 한다고 하나 현실에서는 그렇지 않다. 그 이유는 각 기관·지역 등 사업주체들이 한정된 재원에 비해 너무 많은 사업을 요구하고, 사업기간은 오래 걸리더라도 착공만 하게 해달라는 요구를 예산 당국이 물리치기 어려운 현실 때문이다. 현재의 예산 규모로는 이미 벌려놓은 도로 사업만으로도 신규사업 없이 완공까지 몇 년 이상 걸릴 것이다.

이와 같은 문제를 해결하기 위해 필자가 건설교통부 차관 시절 '공공투자 효율화 종합대책'을 수립해 추진했다. 그중 중요한 내용은 완공 위주의 투자였다. 이미 진행 중인 사업을 조기에 끝내달라는 압력은 그리 크지 않음에 비해 새로운 사업을 시작하고자 하는 욕구는 무척 강한 현실에서 신규 사업을 최소화하는 것은 현실적으로 쉽지 않은 개혁이다.

예를 들면 건설 중인 도로의 완공이 조금 늦어지는 데 대한 반발과 새로운 도로를 착공하고자 하는 지역의 욕구를 비교하면 신규 투자에 대한 민원 요구가 훨씬 크다. 따라서 기존 사업을 끝내기 전에 새로운 투자가 시작된다. 이는 지역구 의원들의 업적과시 욕구와도 관련이 많다. 완공기간이 얼마이든 내가 국회의원 하는 동안에 어떤 도로, 어떤 시설이 착공되었다는 것이 중요하기 때문이다.

이런 여건에서 정부에서 완공 위주로 편성한 예산을 국회심의 과정에서 일부 삭감해 그 재원을 신규사업 착공재원으로 전용하는 경우도 종종 있다. 그러면 완공 위주의 집중투자와 분산투자 사이에 국민 경제적 효과는 어떠한가. 결론적으로 완공 위주의 투자는 분산투자에 비해

[표 2-4] 대학 시설사업 기간 연장 사례

(단위: 백만 원)

학교명	공사명	사업량 (㎡)	사업기간			사업비				
			당초	변경	연장	총사업비	2006년까지	2007년	2008년	2009년 이후
서울대	행정대학원 연구동 신축	9,025	2003~2006	2003~2009	3년	11,105	1,384	2,000	280	7,441
충남대	외국어교육원 및 지적재산권법 교육연구센터	9,195	2003~2005	2003~2007	2년	8,964	2,682		3,132	3,150
전남대	교육공학센터	11,500	2001~2005	2001~2008	3년	15,395	8,835	5,607	953	-
경북대	동물실험 및 병원 증·개축	6,000	2002~2005	2002~2008	3년	10,303	5,298	1,867	2,792	346 (설계 변경)
제주대	공대4호관	10,000	2002~2006	2002~2008	2년	16,473	9,485	2,200	4,788	-

누구도, 어느 지역도 피해를 전혀 주지 않으면서 국민의 막대한 세금을 아끼고 편익을 증진한다.

건물을 예로 들어보자. 대학교 시설투자를 위한 돈이 해마다 500억 원 있는데 총사업비 500억 원 규모의 건물 5동은 기술적으로 1년이면 1동을 지을 수 있다고 가정하자. 5개 대학이 서로 자기 건물을 먼저 짓겠다고 요구하는 바람에 각 대학에 100억 원씩 나누어주어 동시에 착공하고 5년 후에 동시에 완공하는 방안이 있을 수 있다.

오늘날 현실적으로 이와 같이 투자되는 경우가 많다. 그러나 5개 대학이 추첨 결과에 따라 1년에 1학교씩 500억 원을 집중투자할 경우 1년이 지나면 1개 동을 완성해 활용할 수 있다. 2년 이후에는 2개동… 4년 후에는 4개 동을 활용할 수 있다. 운이 없이 맨 마지막에 짓는 학교는 5년 후에 건물을 이용할 수 있지만 전자의 분산투자의 경우에도 5년 후에 완공되기는 마찬가지다. 추첨해 꼴찌가 되더라도 전자의 분산투자보다 더 나빠지지는 않고 꼴찌만 아니면 완공연도를 당길 수 있으니 얼마나 효율적인가.

[표 2-5] 국도사업 기간 연장 사례

(단위: 백만 원)

학교명	경기	강원	충북	충남	전북	전남	경북	경남	제주(균특)
공사명	청평-현리	웅진리개량	보은-내북	부여-논산	부안-태인1	군외-남창교	신령-영천1	합천-쌍림	대정-안덕
사업량(km)	9.9	7.5	16.4	17.4	9.7	8.4	9.5	13.0	14.0
사업기간	2001~2011	2001~2009	1996~2011	1996~2010	2001~2012	2001~2015	2002~2011	1997~2008	2000~2012
총사업비	118,077	72,118	179,827	149,144	80,584	131,281	100,456	114,474	89,239

 최종찬의 新국가개조론

상업용 건물이라면 1년 후에 1개 동의 임대수익이 생기고 2년 후에는 2개 동, 4년 후에는 4개 동의 임대수익이 생기므로 이를 누적하면 건물 1개 동의 공사비를 벌 수도 있다.

도로도 마찬가지다. 일정 구간에 집중 투자해 완공하면 도로를 이용할 수 있어 그 지역 주민뿐만 아니라 지나가는 주민도 편리해질 것이다. 서울에 지하철 구간 수십 지역을 몇 년 동안 공사하느라 시민이 불편해하는 것을 보면 쉽게 이해할 수 있다.

완공 위주의 투자가 이렇게 효율적이라는 것은 예산 당국도 잘 알고 노력도 많이 한다. 그러나 현실적·정치적인 여건이 안 되고 형평성에 대한 압력이 너무 커서 선택하고 집중하는 투자가 어렵다. 완공 위주의 투자를 예산편성자의 애국적 소신에만 맡기는 것은 현실적으로 어려우므로 이를 제도적으로 개선해야 한다. 우선 고려할 것은 투자사업의 경우 시행이나 경제성에 따라 우선순위를 잘 가려 사업을 선정하되 일단 시작한 사업은 최단기간에 우선적으로 완공해야 한다.

예를 들어 기술적으로 착공 후 3년이면 완공 가능한 건물이라면 사업 착수 시 계속비 제도를 활용해 3년간의 예산을 미리 배정하도록 법률로 제도화하는 방안이 있다. 일반적인 경우는 매년 1년치 공사예산만 배정한다. 따라서 대부분의 중요사업은 최단시간에 끝내도록 미래의 예산까지 재원을 확보해주고 이와 같은 사업 예산을 우선 배정한 뒤 여분이 있을 때 새로운 사업을 착수하면 된다.

착공사업의 수가 늘어나는 이유는 자기 지역이나 기관의 사업이 조기에 확정되기를 바라기 때문이다. 일단 착공되면 언젠가는 완공되니까 완공 시기는 늦더라도 우선 착공하는 데 온갖 로비력을 동원한다. 이런 현실을 감안할 때 완공 위주로 투자하면 착공사업이 적어지므로 착공사업에 포함하려는 정치적 압력은 현실적으로 클 것이 예상된다. 이 문제는 투명하게 다음 착공사업의 순서를 명기해 공표함으로써 착공사업이 적어지는 데 따른 불확실성을 줄일 수 있다.

필자도 정부에 있을 때 이 문제를 개선하기 위해 노력했다. 그러나 형평성 차원에서 정치적 압력이 커서 제대로 추진하지 못했다. 따라서 완공 위주의 투자는 법률로 제도화해야 한다. 완공 위주의 투자 관행은 지역민의 요구를 대변하는 국회의원의 협조가 절대적이다. 법률로 완공 위주의 투자가 제도화되면 국회의원이나 기관장도 이해관계자를 설득할 명분이 생긴다.

법률로 제도화하기 이전이라도 앞으로 2년간은 특별히 시급한 이유가 없는 한 신규 사업은 동결할 것을 제안한다. 전두환 대통령 시절 전체 예산을 전년과 동액으로 동결한 예도 있다. 앞으로 2년간은 대통령, 국회의원 선거도 없어 신규 사업을 동결하기 좋은 시기이다.

한시법으로 변화에 신속히 대응

정보화·세계화 등으로 경제·사회 여건은 과거보다 빠른 속도로 변하고 있다. 변화를 예측해 대비할 수 있으면 좋겠지만 미래를 정확히 예측하는 것은 생각보다 쉽지 않다. 수많은 경제연구소가 1년 후의 경제성장률을 제대로 예측하지 못하는 것이 현실이다. 따라서 각종 사회

제도 등이 변화에 신속히 대응할 유연한 구조를 갖는 것이 중요하다. 앨빈 토플러*는 민간에 비해 정부는 변화 속도가 느리다고 지적했다.

예컨대 소비수요의 변화에 민감하지 않은 기업은 생존할 수 없다. 고령화가 진행되는데 연금 등 복지제도를 빨리 개혁하지 못하면 국가재정은 파탄이 난다. 여건 변화에 신속히 대응해야 한다는 것은 어느 나라나 알고 있다. 문제는 실제로 신속하게 대응하느냐이다.

어떻게 하면 변화에 빨리 대응할 사회구조를 만들 수 있을까.

첫째, 규제를 완화해 민간의 자율과 창의성이 최대한 발휘되게 해야 한다. 과거 공산주의같이 국가가 모든 것을 통제하고 자원을 분배하는 사회에서는 특정부문에 어떤 변화가 일어나면 이를 반영해 계획을 수정하는 데 절차가 복잡하고 시간이 많이 소요된다. 국가 대신 개인이나 기업이 의사결정을 하면 반응속도가 훨씬 빨라질 것이다. 예컨대 개인이 음식점을 할 경우 손님이 없으면 곧 메뉴를 바꾸거나 업종을 전환할 것이다. 따라서 불필요한 정부규제는 없애야 한다.

둘째, 사회 전체적으로 가능한 한 분권화해야 한다. 조직 내에서 많은 권한이 윗사람에게서 실질적으로 일을 처리하는 실무 책임자에게 내려가야 한다. 같은 취지로 가능하면 중앙정부로부터 지방자치단체로 권한이 이양되어야 한다. 예컨대 예산사용권도 중앙정부가 용도를 일일이 정하기보다는 현지 사정에 따라 신축적으로 쓸 수 있게 용도를 정

● **앨빈 토플러** 미국의 미래학자로, 《미래의 충격》, 《제3의 물결》, 《권력이동》, 《부의 세계》 등을 통하여 미래사회의 변화를 날카롭게 예측하고, 정보화 사회의 도래를 미리 전망했다. 《부의 미래》에서 그는 정부가 기업에비해 변화속도가 느리다고 지적한 바 있다.

하지 않고 주어야 한다.

셋째, 기업이나 개인은 변화에 기민하게 대응하지만 가장 늦은 부문이 정부 등 공공분야이다. 공공부문은 경쟁과 도산 압력이 없으므로 세상 변화에 둔감하다. 공공분야의 유연성을 제도적으로 제고하는 방법 가운데 하나로 각종 법률과 제도를 한시법으로 할 것을 제안한다. 정부의 각종 규제, 지원예산 등은 대부분 법령에 근거해 이루어진다.

따라서 여건 변화에 신속히 대응하려면 기구와 법령 등이 신축적으로 변해야 하는데 현실적으로는 무척 느리다. 그 이유는 공무원이 여건 변화를 느끼는 데 시간이 걸리고 개선 필요성을 느낀 다음에 개정하는 데 시간이 많이 소요되기 때문이다. 어떤 것은 변화를 알면서도 조직 이기주의 때문에 방치하는 경우도 있다.

예를 들어 누에고치 농사가 별로 없는 상황에서 잠업관련 기구가 장기간 존속되거나 인터넷과 이메일이 보편화되었는데도 모든 민원은 종이 서류로 제출해야 한다는 규정이 그대로 존속하는 경우 등을 볼 수 있다. 당위론적으로는 담당 공직자가 정책이나 업무를 개선해야 하지만 그 문제가 사회적으로 크게 문제되지 않으면 상당기간 지속되는 경우가 많다.

이 경우 관련 법령의 시한이 정해져 있으면 적어도 만료 시한에는 자동으로 관련 제도의 타당성이 재검토될 것이다. 특히 규제나 지원에 관한 법령이나 기구는 한시법으로 할 경우 효과가 있을 것으로 본다.

예컨대 벤처 기업에 혜택을 줄 경우 현재 상황에서는 필요하다고 판단해 지원하는데 5년 후에는 지원이 타당할지 알 수 없다. 이때 지원 법령의 효력을 5년으로 하면 5년 후에도 계속 지원하기 위해서는 관계 법령을 개정해야 하므로 그 정책의 타당성에 대해 자연히 검토하게 된다.

따라서 여건 변화에 따라 정책의 타당성이 달라질 수 있는 규제나 지원 제도는 법령의 만료시기를 정함으로써 여건에 맞지 않는 제도가 장기화되지 않게 해야 한다.

행정 신속성에 중점 두어 일하는 방식 개선

정부는 민간기업에 비해 행정처리 속도가 엄청나게 느리다. 여건 변화에 대응하는 제도 개선도 느리고 각종 인·허가 처리 속도도 느리다. 행정처리 속도가 왜 이리 느릴까. 사실 공무원은 행정처리 속도가 느린 것에는 문제의식이 별로 없다. 일을 부당하게 처리하거나 예산을 낭비하는 것은 잘못이라고 생각하나 행정처리를 늦게 하는 것에는 별로 책임의식을 느끼지 않는다.

국민도 공무원의 늑장 행정에 익숙해져 간단한 질의나 민원에 대해 3~4일 또는 1~2주 걸려도 크게 불만을 나타내지 않는 것이 현실이다. 예컨대 공장 인·허가를 받는 데 도장이 10개 필요하더라도 일처리만 신속하면 모든 절차가 1주일 안에 끝날 수 있다. 현재 공무원이 일하는 구조나 행태를 그대로 두면 제도를 아무리 개혁해도 궁극적인 목표인 신속한 행정 서비스는 어렵다.

어느 기업이 3년에 걸쳐 골프장 부지를 매입한 후 관할 군에 2004년 7월 골프장 건설을 신청했는데 2007년 12월에 골프장 착공허가를 받았다. 이 지역이 법적으로 골프장을 건설하는 데 문제가 없는데도 관계기관 협조 지연 등으로 늦어졌다. 예컨대 6,600㎡ 규모의 문화재 시굴조사 계획서를 2006년 10월에 접수했는데 1년 만에 조사가 끝났다.

또 다른 예를 들어보자. 몇 년 전 가을 수해가 심해 하루빨리 피해복구를 지원하고자 임시국무회의를 열어 재해대책 예비비를 의결했다. 그 후 현장에서 예비비 지급이 늦어져 복구가 지연된다는 여론이 있어 조사해보니 국무회의에서 의결된 지출결의서에 대통령까지 서명하는 데 며칠이 소요되었다. 임시국무회의까지 소집하면서 서두르는 시책이 그 정도이니 다른 일은 미루어 짐작할 수 있다. 따라서 근본적인 시스템과 일하는 행태가 함께 개혁되어야 한다.

이를 위해서는 다음과 같은 것을 개선해야 한다.

첫째, 앞서 언급한 바와 같이 담당관제가 확립되어 조직 내에서 결재과정이 대폭 축소되어야 한다. 현재는 실무자가 기안해 위에 보고하고 결재받는 데 시간이 많이 소요된다. 담당관제가 되어 결재단계가 대폭 축소되면 시간이 그만큼 절약될 것이다.

둘째, 관계 부처·부서 간 협의를 신속히 진행해야 한다. 협의 또는 의견 조회기간을 신속히 하고 이메일이나 구두 통보를 적극 활용해야 한다.

셋째, 부서 간·부처 간 이견을 신속히 조정해야 한다. 부서 간 이견이 신속히 조정되지 않아 행정처리나 정책결정이 늦어진다. 이럴 경우 상위기관이 적극 조정해야 한다. 부처 간 이견이 있는 경우에는 국무총리, 청와대가 나서서 신속히 조정해야 한다. 부처 간 정책 이견은 대부분 시간이 경과한다고 저절로 해소되는 것이 아니므로 신속히 결정해야 한다.

대부분 국무총리에게 정책조정 책임이 있으나 그 단계에서 결정하기 어려우면 대통령이 나서서 결론을 내야 한다. 그동안 경험으로 보면 정책조정이 신속하게 이루어지지 않아 지지부진한 경우가 많다.

2008년 현재 정부조직 개편으로 경제부총리가 없어졌다. 경제정책은 여러 부처 관련 정책의 조정이 필요한 경우가 많다. 따라서 신설된 기획재정부가 정책조정역할을 수행할 수밖에 없는 것 같다. 그런데 기획재정부 공무원이 공식적으로 경제팀장 부서가 아니라고 총괄조정업무를 소홀히 할까 염려된다. 그럴 경우 경제정책 의사결정이 지연될 가능성이 크다.

넷째, 각종 민원처리 절차를 제로베이스에서 재검토해야 한다. 또 민원처리 기간을 대폭 줄여야 한다. 공장허가, 건축허가, 골프장허가 등 부처 소관을 떠나 수요자 입장에서 현재 민원처리 절차가 합리적인지 검토해야 한다. 실제로 기존의 민원처리 사례를 검토해 기간이 얼마나 소요되었는지, 왜 그렇게 되었는지, 생략하거나 단축할 절차는 없었는지 검토해야 한다.

실제로 실무자가 몇 시간 또는 2~3일 검토하면 될 일을 민원처리 규정에는 2주 또는 1~2개월로 되어 있는 경우도 많다고 여겨진다. 그럴 경우 실무자들은 대부분 처리기간이 임박해서 회신한다. 업무량 폭주에 대비해 민원처리 기간을 길게 하는데, 담당 공무원이 부족하면 신축적인 인사 배치로 해결하거나 기능 조정으로 대응해야 한다.

기업이 직원이 부족하다고 애프터서비스를 1주일씩 미루면 당장 망할 것이다. 이 경우 감사원이 감사 중점을 '인·허가를 왜 빨리 안 해주

있는가' 로 전환하면 공직 사회 분위기가 많이 달라질 것이다.

다섯째, 쓸데없는 일을 없애 행정의 생산성을 높여야 한다. 회의시간부터 줄여야 한다. 근무시간 중 실제로 일다운 일은 얼마 못하는 경우가 많다. 그러다보니 정말로 필요한 일에는 시간을 제대로 투입하지 못한다. 비효율적인 사례를 들어보자. 사실 비효율적인 회의가 너무 많다.

예컨대 월요일 장관주재 국 · 실장 회의를 1~2시간 하고, 국 · 실장은 과장회의를 한다. 이후 과장은 과원회의를 한다면 오전은 회의하느라 다 지나간다. 주말에는 기관장 주재 회의자료를 준비한다고 시간을 소비한다. 어떤 사건이 발생하면 관계기관대책회의가 수차례 열린다. 관계 부처 국장, 실장급 회의를 하고 차관급 회의, 장관급 회의, 당정회의 등 거의 동일한 내용의 회의를 여러 번 한다. 언론을 의식한 모양내기 회의도 많다.

회의하면 국민이 일을 열심히 하는 것으로 인식한다고 생각해 사건이 생기면 회의를 많이 한다. 고위직 회의에는 많은 실무자가 수행한다. 따라서 실제로는 그만큼 일하는 시간을 빼앗기게 된다.

알맹이 없는 모양내기 회의를 없애야 한다. 정부의 각종 위원회도 줄이거나 운영의 내실을 기해야 한다. 각 부처와 각계각층의 협조와 중지를 모을 필요가 있을 때 위원회를 설치해야 한다. 그런데 위원회 운영이 비효율적인 경우가 많다. 위원은 위원회의 설립 취지와 관련된 모든 기관과 관계 인사로 구성되는 것이 관례이다. 그러나 위원회에 상정되는 안건은 항상 모든 위원과 관련되는 것이 아닌데 안건과 상관없이 모든 위원이 참석한다.

몇 년 전 국무총리가 위원장인 사회보장심의위원회가 있었다. 건교부장관이 위원인데 그날의 안건은 정부의 지원대상이 되는 영세민의 실소득을 어떻게 파악하느냐였다. 이 안건은 사실상 건교부와 무관했으나 국무총리가 주재하는 회의에 위원인 건교부장관이 불참할 수 없어 차관인 필자가 대리 참석했다.

필자는 사실 그 시간에 그린벨트 대책 토의가 예정되어 있었으나 취소할 수밖에 없었다. 결국 중요한 업무는 미루고 정족수를 채우기 위한 회의에 참석한 셈이다.

이런 경우 관련이 없거나, 특별히 회의에서 발언할 것이 없는 위원은 참석을 강요하지 말아야 한다. 위의 경우 국무총리가 주재하는 회의이므로 위원 또는 대리인이 참석했다.

이와 같이 알맹이 없는 회의에 허비하는 시간이 엄청나게 많다고 생각한다. 민간기업에 비해 회의가 많은 것은 권한과 책임이 부처별, 기능별로 분산되어 있어서 협조·조정의 필요성이 크기 때문이다. 꼭 필요한 회의도 시간을 절약하기 위해 화상회의나 전화회의를 많이 활용하면 좋을 텐데 번거롭다고 제대로 활용하지 않는다.

김대중 대통령 시절 필자가 제안해 국무회의를 격주로 화상회의로 했다. 한 주는 청와대에 모여서 하고 한 주는 화상회의로 했다. 화상회의를 할 때는 대통령과 국무총리와 종합청사 근무 장관은 종합청사에 모이고, 과천 인근 장관은 과천회의실에 모여 화상으로 회의했는데, 노무현 정부에서는 대면토론을 선호해 중단되었다.

필자가 정부에 재직할 때 전화회의도 수차례 시도하였다. 그러나 시간절약이 되는데도 불구하고 잘 확산되지 않았다. 일부에서는 보안

유지가 잘 되지 않는다는 이유를 들었다. 그러나 전 미국 연방준비제도 이사회 의장인 그린스펀이 수년 전 전화회의로 이사회를 소집해 전격적으로 금리인하를 단행한 적이 있다. 비효율적인 회의관행은 결국 공직자들이 업무의 효율성에 대한 인식이 부족한 데서 비롯된 것이라고 본다.

9월 이후 정기국회가 열리면 중앙부처 공직자는 국회에서 시간을 보내는 경우가 많다. 의사일정이 자주 변경되어 허탕 치거나, 질문이 없어 하루 종일 남의 얘기만 듣다가 돌아가는 기관장 등 시간 낭비가 많다. 과천종합청사에 근무하는 장관은 각종 회의, 행사로 며칠 동안 사무실에 못 들어갔다는 이야기도 있었다. 기관장이 적시에 지시와 의사결정을 못하면 전 조직의 행정이 그만큼 늦어질 수밖에 없다.

여섯째, 형식적으로 하는 각종 보고서와 문서를 확 줄여야 한다. 말로 보고하면 1분이면 될 일을 1시간씩 걸려 문서로 작성하는 경우가 많다. 필자가 건교부장관으로 재직할 때 실·국장 간부회의는 회의자료를 만들지 않도록 하고 구두로만 보고하게 했다.

일곱째, 각종 행사와 의식을 대폭 줄이고 간소화해야 한다. 어떤 행사에 대통령이나 국무총리가 참석하면 관계 장관, 도지사부터 실무자까지 많은 사람이 동원된다. 그로써 반나절 또는 하루 종일 시간이 소비되는 경우가 허다하다. 어떤 때는 각종 기공식, 준공식, 시상식 등에 참석하느라 한 달에 5~6일이 소모되는 경우도 있다.

필요한 행사는 해야 하지만 이 경우에도 참석 범위를 줄여 간소화해야 한다. 행사 참석으로 장관 또는 국·실장의 의사결정이 지연되어 전반적으로 민원처리가 늦어지는 경우가 많다.

해마다 반복되는 연말·연시의 종무식, 시무식, 신년하례회도 대폭 줄여야 한다. 중앙부처 간부의 경우 12월 31일 총리주재 종무식을 하고 그 후 부처별로 종무식을 한다. 이틀 후인 1월 2일 아침 국립묘지를 참배하고 총리주재 시무식을 한 후 부처별로 시무식을 한다.

국무위원은 1월 2일 오후 또는 3일 청와대에서 신년하례회를 한다. 장관은 며칠 동안 인사차 매일 만나는 셈이다. 그 뒤 부처별로 관련업계 신년인사회, 퇴직공무원 동창회, 향후회 신년인사회 등 1월 중순까지 신년모임이 이어진다. 새해에 새로운 결의를 다지고 안부를 전하는 것도 필요하겠지만 너무 형식에 치우친 것은 아닌가 생각해봐야 한다. 연초에는 일할 시간이 없다.

필자가 지적하고자 하는 것은 거창한 조직개편 등의 하드웨어적인 일보다 일하는 방식의 개선에 역점을 두어 행정의 생산성을 높여야 한다는 것이다. 정부조직을 축소하면 대단한 개혁 같고 일하는 방식을 개선하면 별거 아니라는 인식부터 바꾸어야 한다. 100만 명이 넘는 공공부문 직원의 생산성이 올라가면 인원절감보다 더 큰 효과를 거둘 수 있을 것이다.

행정의 생산성 향상을 중점 국정과제로 선정하고 이를 추진할 강력한 추진체계를 만들어야 한다. 형식적인 홍보용 회의로 논란이 된 다음과 같은 사례도 있었다.

어느 해 추석을 앞두고 경제부총리가 물가대책 관계장관회의를 소집했다. 당시 물가대책회의는 통상적으로 경제기획원 차관이 주재하는 차관급 회의였다. 당시에도 며칠 전 차관회의를 통해 추석 물가대책을 발표했다. 그런데 언론에서 물가 오름세가 심상치 않다고 연일 보도하자 유사한 내용의 물가대책회의를 이번에는 장관급으로 소집한 것이다. 일하는 모습을 보여주기 위한 홍보용 회의였다. 홍보효과를 위해애써 텔레비전 카메라까지 동원했다.

회의장에 텔레비전 카메라가 설치되고 관계 장관들이 하나 둘 도착했다. 텔레비전 카메라만 설치되고 카메라맨은 보이지 않자 어떤 장관이 경제부총리에게 "엊그제 물가차관회의에서 대책을 다 수립했는데 또 무슨 회의입니까" 하고 물었다. 그러자 경제부총리가 "특별한 것은 없지만 모양내기로 하는 회의지요" 라고 대답했다.

그 후 텔레비전 기자가 그날 회의 자료를 뉴스용으로 편집하는 과정에서 이 같은 대화가 튀어나왔다. 회의장에 설치된 카메라에 녹음된 것이다. 우여곡절 끝에 그 발언은 방영되지 않았으나 보도되었다면 파장이 컸으리라 생각한다.

part 03

교육개혁에 우리의 미래가 달려 있다

새 정부의 핵심과제는 교육개혁

교육개혁이 중요한 이유는 다음과 같다.

첫째, 앞으로 우리나라가 국제 경쟁에서 살아남기 위해서는 합리적이고 창의적인 인재양성이 필요하기 때문이다. 세계화 · 정보화의 진전으로 경제 전쟁은 날로 치열해지고 있다. 과거에는 저임금과 풍부한 노동력으로 수출을 통해 급속히 성장할 수 있었다. 하지만 이제는 그동안 임금이 빠르게 상승해 노동집약적인 산업으로는 외국과 경쟁하기 어렵게 되었다.

따라서 앞으로는 고부가가치 지식산업을 육성할 수밖에 없다. 이를 위해서는 교육을 통한 창의적인 인재양성이 가장 중요한 과제다. 미래학자 앨빈 토플러도 교육 시스템 개혁이 경쟁력 확보에 가장 중요하다고 말했다.

우리나라의 교육현실은 어떤가. 평준화라는 이름 아래 우수한 학생이나 그렇지 않은 학생이나 한 교실에서 같은 교육을 받고 각자 개성과

[표 3-1] 가계지출 중 교육비가 차지하는 비중

(단위: %)

2003년 1분기	2004년 1분기	2005년 1분기	2006년 1분기
12.7	13.8	13.3	14.1

출처: 통계청

상관없이 대부분의 과목을 필수과목으로 획일적인 방법으로 공부한다. 수요자의 선택권도 없고 경쟁과 인센티브도 없다. 이런 상황에서 다양성과 창의성이 배양되기는 어렵다. 민주사회의 사회 시스템은 국민의 의식에 따라 결정되고 사회 시스템에 따라 국가의 경쟁력도 결정된다.

현재와 같은 반기업 정서, 지나친 평등의식, 집단이기주의, 법과 질서 무시 등의 사회 분위기가 지속되면 합리적인 정책을 추진할 수 없고 경쟁력도 좋아질 수 없다. 여건 변화에 뒤떨어진 교육내용, 교육방식을 시급히 개편해야 한다.

둘째, 공교육이 부실해 사교육비가 급증하는 등 국민 경제적 부작용이 심각하기 때문이다. 학교에서 제대로 가르치지 않으니 실제 공부는 학원이나 과외 등에서 하게 된다. 그러니 사교육비가 점점 늘어난다.

OECD 통계연보에 따르면 2004년 우리나라 사교육비는 GDP의 2.9%로 OECD 국가 중 1위를 차지했다. 통계청에 따르면 2006년 1/4분기 가계의 교육비 지출은 14.1%로 최근 들어 가장 높은 수준이었다. 저소득층은 물론이고 중산층도 사교육비를 조달하기 위해 파출부 등으로 나선다는 이야기가 있을 정도다.

해외유학에 따른 소득 누출도 막대해 내수경기 부진의 요인이 되고

한국	인도	중국	일본	대만	캐나다	멕시코
13.5%	12.1%	9.3%	8.6%	5.6%	5.0%	2.3%
86,626명	77,220명	59,343명	54,816명	36,091명	32,153명	14,863명

주: 중등학교 이상, 직업학교 포함
출처: 미국 국토안보부 이민세관국(ICE), 2005년 9월

있다. 2005년 9월 미국 국토안보부 이민 세관국의 통계에 따르면 한국 유학생은 중학교에서 대학원까지 직업학교를 포함해 8만 6,626명으로 미국 내 전체 유학생의 13.5%를 차지해 1위를 기록했다. 대학원생 기준으로는 우리나라 유학생이 3~4위인 데 비해 중학생 이상으로 확대하면 1위인 것은 중·고 유학생이 늘었기 때문이다.

한국은행 분석에 따르면 2008년 유학·연수비용은 60억 달러 수준에 달할 것으로 예상된다. 이 돈이 국내에서 소비된다면 내수 진작에 기여를 많이 할 것이다. 최근 우리나라는 출산을 기피해 인구가 급속히 고령화되는데, 가장 큰 이유가 교육비 부담 때문이라고 한다. 따라서 사교육비 부담을 줄이는 것이 국민 경제적으로 중요하다.

셋째, 소득분배를 개선하고 양극화를 해소하기 위한 가장 중요한 수단이 교육이기 때문이다. 가난한 사람도 교육을 통해 부자가 될 기회가 열려 있으면 그 사회에는 희망이 있다. 미국은 선진국 중 소득분배가

● 포퓰리즘 Populism 인기 영합주의를 말한다. 정치지도자들이 경제적 합리성을 도외시한 채 유권자가 좋아할 만한 선심정책을 추진하는 것이다. 과거 아르헨티나의 페론정권이 대표적인 포퓰리즘의 예다.

비교적 불평등한 사회인데도 사회안전망과 교육기회 균등 등 기회가 공평하다는 신뢰가 있어 일반 국민이 소득분배에 대해 불평이 적다.

공교육 부실, 사교육 부담의 증가는 교육을 통한 신분상승Social Mobility을 점점 어렵게 한다. 이는 사회적 불안 요소가 될 가능성이 있다. 2008년 현재 사법시험 합격자의 출신고교를 보면 강남과 외국어고교 출신 비율이 1/4을 넘는다고 한다. 이는 그동안 고교평준화가 본래 목적인 사교육비 부담 완화나 소득분배 개선에 기여하지 못했다는 실증이다.

이 같은 현상이 심화되면 결과적 형평에 대한 정치적 욕구가 커지고 자칫하면 남미 일부 국가 같은 포퓰리즘*에 휩쓸릴 여지가 있다. 이를 방지하기 위해서는 교육을 통한 신분상승 기회를 확대해야 한다.

공교육 정상화

자립형 사립고 등으로 공교육 서비스 개선

이제부터 교육도 수요자 위주로 개혁해야 한다. 현재의 획일적인 평준화 제도에서는 소비자의 선택이 불가능하고 경쟁에 대한 자극도 없어 교육 서비스를 개선하려는 노력이 제대로 될 리 없다.

해외 유학생의 수가 급격하게 늘고 있다. 많은 비용과 어려움을 감수하면서 해외유학을 하는 이유는 학교교육이 교육 수요자를 만족시키지 못하기 때문이다. 모든 분야가 급속히 변하고 다양화되는데 이를 충족하려면 교육 서비스도 다양해져야 한다. 이런 취지에서 중·고교의 경직적인 평준화 규제는 완화해야 한다. 비용이 더 들더라도 고품질에 다양한 교육을 받고자 하는 사람이 많은데 공교육 서비스가 불만족스러우니까 학원으로 가고 외국으로 가는 것 아닌가.

수요자가 만족스러울 정도로 공교육 서비스를 개선하려면 막대한 재원 조달이 문제가 된다. 현재 교육인적자원부 예산은 일반회계의 20%를 넘으며 전 부처에서 가장 많다. 국민이 세금을 더 내거나 수업료를 대폭 올리기 전에는 재원 마련이 현실적으로 쉽지 않다. 과거 사립 중·고교에는 학생선발권이 있고 수업료 책정에 신축성이 있었으므로 국가가 거의 보조해주지 않았고, 국가재정은 오로지 국·공립학교에만 투입했다.

그러나 평준화 이후 학생은 학교 선택권이 없어졌으므로 사립학교라고 수업료를 더 받을 명분이 없어서 사립도 학교시설 및 운영비 부족분은 전액 국고에서 지원받는다. 그러다보니 2007년 경우 사립학교 지원비는 3조 9,000억 원에 이르렀다. 국·공립학교 서비스 향상도 재원 부족으로 제대로 못하는 국가가 사립학교까지 자율성을 규제하면서 재정을 지원하는 것은 합리적이라고 볼 수 없다.

만일 그동안 학사 운영 등을 감안해 우수한 사립학교에 학생선발권을 부여하고 수업료도 올려 받게 하면, 그 학교에 지원하는 국고보조금은 공립학교에 지원할 수 있어 윈윈이 될 수 있다.

강원도 횡성에 있는 민족사관고등학교는 독특한 교육방식으로 우수한 학생을 배출한다. 이런 학교가 국내에 많이 있으면 무엇 때문에 어린아이들을 불안하게 외국에 보내겠는가. 일정한 기준을 갖춘 자립형 사립학교에 대한 규제를 대폭 완화해 비용이 들더라도 좀더 질 좋은 교육을 받고자 하는 수요를 충족시켜야 한다.

외국도 수요자 위주로 교육을 혁신하고 있다. 스웨덴의 경우 주식회사형 학교를 도입해 교육 혁신을 주도하고 있다. 학생선발과 수업, 커리큘럼 등에 자율성이 확대되어 학생이나 학부모의 수요에 맞추어 운영하고 이익을 주주에게 배당까지 한다. 이 같은 주식회사형 학교가 400개에 이른다. 이런 제도가 유럽형 사회주의의 원조라 할 스웨덴에서 등장한 것은 시사하는 바가 크다. 그 배경을 살펴보면 우리나라와 유사하다.

스웨덴은 1991년까지 대부분의 학교가 우리나라처럼 공립이었다. 학생은 학교선택권이 없어 오로지 거주지와 거리에 따라 학교가 결정되었다. 그 결과 학교의 특색이 없어졌고 학생과 학부모의 요구에 둔감해지면서 교육의 질도 낮아졌다. 이를 혁신하기 위해 사립학교에 학생선발권과 커리큘럼, 수업료의 자율성을 확대했다. 그 결과 수업료가 비싸더라도 학생 수요를 충족시키는 학교에 학생이 몰리고 공립학교는 이에 자극받아 교육 서비스의 질을 높이는 경쟁이 벌어졌다.

국부가 유출되는 불안한 외국유학보다는 국내에서 다양한 교육을 받을 기회를 확대해야 한다. 21세기에 우리가 기대할 수 있는 것은 오로지 인재양성뿐이다. 가장 핵심적인 인재양성에 소홀하면 우리의 미래는 없다.

국내 교육에 불만을 품은 사람 중 경제적 여유가 있는 사람은 외국에 자녀를 유학 보내 양질의 교육 욕구를 해소한다. 중산층이나 경제적 여유가 없는 사람도 일부는 무리해서 자녀를 유학 보냄으로써 경제적 어려움과 가족해체 위기까지 겪는 경우가 있다. 왜 우리나라에서는 좋은 교육 서비스를 받게 못해주는가.

현재의 평준화 시스템에서는 학교나 교사가 열심히 할 인센티브와 자극이 거의 없는 실정이다. 자립형 사립고가 확대되면 위화감 문제와 그런 학교에 입학하기 위한 사교육비 증가 문제가 예상된다. 그러므로 부작용을 완화할 대책이 필요하다. 비싼 수업료 때문에 자립형 사립고에 가난한 집 아이는 못 간다는 문제에는 일정 비율 이상을 반드시 저소득층 학생에게 장학금을 주도록 의무화하거나 정부가 지원하는 방법 등을 생각할 수 있다.

공교육이 충실해지면 비싼 돈을 내고 사립학교에 들어가려는 압력도 줄어들어 그만큼 사교육비 부담도 줄어들 수 있다. 구더기 무섭다고 장 못 담그는 잘못을 하지는 말아야 한다. 하향평준화로 부실화된 공교육을 하루빨리 개혁해야 한다.

적절한 평가와 인센티브

과거에는 학교끼리 학생을 일류대학에 많이 입학시키기 위해 경쟁했으나 오늘날에는 과거에 비하면 그런 경쟁이 훨씬 줄었다. 평준화로 학생 선발권이 없으므로 특별히 더 우수한 학생을 받아들일 수 없기 때문이다. 선생님들도 평가나 그에 따른 인센티브가 미미하므로 열심히 할 분위기가 아니다. 교육계에는 평가나 경쟁을 나쁜 것으로 인식하는 경향이 있다.

교육부가 교원평가를 실시하고 평가결과에 따라 일부 상여금을 차등 지급하려는데 일부 교원단체가 극력 반대하고 있다. 민간기업, 다른 공무원도 대부분 하는데 교권을 이유로 반대하는 것이다. 2002년에 교육부에서 초등학생을 상대로 읽기, 쓰기 등 기초학력 평가를 실시하려한 적이 있는데 이때도 일부 교원단체가 반대했다. 반대 논리는 학력평가는 결국 학교 간 우열을 나타내고 그 결과 교사와 학생이 경쟁에 내몰려 사교육, 갈등을 초래한다는 것이다. 평가와 경쟁을 좋아하는 사람은 없다. 그러면 평가와 경쟁, 인센티브가 없는 교육이 제대로 되겠는가.

미국과 일본 등 선진국가도 학생평가 결과 우수한 교사에게는 성과급 제도를 도입하고 성과급의 격차도 늘려가고 있다. 최근 영국의 고든 브라운 수상과 뉴욕의 블룸버그 시장은 학교평가 결과 우수한 학교에는 교사 인센티브와 함께 투자를 확대하고 부적합 평가를 받은 학교는 폐쇄하겠다고 했다.

수준별 수업 실시

기획예산처 차관 시절 교육예산을 토론하던 중 교육현실을 알아야겠다고 생각해 모 방송국에서 방영한 교육관련 특집 프로그램을 본 적이 있다. 프로그램 중 충격적인 장면은 수업시간에 앞줄의 1/4 정도는 엎드려 자는데 놀랍게도 선생님은 아무런 제지도 하지 않고 태연하게 수업을 진행했다.

요즘 학교는 심하게 말하면 학적을 두는 곳일 뿐 공부는 대부분 학원에서 한다고 한다. 학교 수업이 학생들의 수요를 충족시키지 못하는 것이 현실이다. 맞춤교육이 안 되는 것은 교사 1인당 학생 수가 많은 것도 원인이겠으나, 능력이 다른 학생을 동시에 가르치는 것도 큰 문제라고 본다.

공부를 잘해 일류대학을 목표로 하는 학생과 대학을 포기한 학생이 같은 반에서 공부하면 누구를 상대로 가르쳐야 할까? 어떤 학생에게는 너무 쉽고 어떤 학생에게는 너무 어려울 수밖에 없다. 선생이 아무리 유능해도 어차피 일부 학생만 만족하는 것이 불가피하다. 이런 상태에서 수업 분위기가 제대로 유지되기는 어렵다. 실력이 비슷한 학생끼리 모아놓으면 가르치기가 훨씬 쉽고 배우는 사람도 좋을 것이다.

그러나 이 같은 간단한 제도 개혁도 안 되는 것이 현실이다. 수준별 수업을 하면 우열반이 생긴다고 일부에서는 반대하는데 현재 상태에서 수업이 제대로 될지 생각해보아야 한다. 교육부는 수준별 수업을 단계적으로 추진 중인데 이를 조기에 실시해야 한다.

수준별 수업은 과목에 따라 자기 수준에 맞춰 이동 수업을 듣는 것이므로 모든 과목을 같이 수업하는 우열반과는 다른 개념이다.

고교평준화와
사회적 유동성 증대

고교평준화를 추진하는 목적은 무엇인가. 당초 평준화를 도입한 이유는 입시경쟁으로 인한 사교육비 부담이 심각한 수준에 이르러 이를 줄이고자 하는 것이었다. 아울러 사교육비 부담이 줄면 가난한 집 학생도 학교 교육만으로 좋은 대학에 들어가고 나아가 돈 벌고 출세하는 등 신분상승이 가능해진다는 것이었다. 그러면 평준화 이후 사교육비가 줄었는가. 가난한 집 학생이 평준화 이후 좋은 대학에 들어갈 가능성이 커졌는가.

과거에는 가난한 집 학생도 공부를 잘해 각 지역의 일류 중학교나 고등학교에 입학하면 그다음부터는 학교 교육만 잘 받으면 사교육비 부담 없이 좋은 대학에 들어갈 수 있었다. 그러나 현재는 좋은 대학에 들어가려면 적어도 중·고 시절부터 전 과목에 걸쳐 성적 관리를 잘해야 한다.

입학시험에서 내신 비중이 커지고 수능도 보고 학교에 따라서는 논술시험도 보아야 하므로 공부해야 할 과목이 너무 많다. 내신은 전 과목을 신경 써야 하는데 학교에서는 제대로 배우는 게 없으니 사교육에 의존할 수밖에 없고 이에 따라 막대한 비용이 소요된다.

필자가 1968년 대학시험을 칠 때 입시 과목은 5과목이었다. 학교수업만으로 또는 1~2과목의 사교육만으로 좋은 대학에 들어갈 수 있었다. 요즈음은 적어도 중학교부터 전 과목 성적을 관리해야 하는데 이를 위해서는 사교육이 불가피하다. 내신 관리는 돈 없이는 어려워 가난한 학생이 좋은 대학 들어가기가 과거보다 어려워졌다.

실제로 서울대 등 주요 대학 입학생 중 고소득자 자녀의 비중이 과거보다 늘었다고 한다. 또 국내 공교육이 부실해지니 조기에 해외로 유학해 외국대학을 졸업하는 것이 취직이나 처우 면에서 유리한 시대가 되었다. 세계화 시대에 영어도 잘하고 국제 감각도 있다고 해서 좋은 직장에 취직하는 데 해외 유학생이 유리하다고 한다. 조기 유학은 결국 부유한 학생이 가게 되고 그 결과 교육을 통한 부익부빈익빈 현상이 과거보다 강화된다.

필자가 과문한지 모르지만 평준화가 사회적 유동성에 미친 영향에 대해 신뢰할 만한 자료는 없는 것 같다. 고교평준화가 중요한 국가적 과제인 만큼 평준화가 사회적 유동성에 미치는 효과에 대해 정부와 전문가의 냉철한 분석과 진지한 토의가 필요하다. 많은 사람이 고교평준화가 가난한 학생의 신분상승 기회를 약화시켰다고 생각하는데 그렇다면 정말 심각한 문제다.

그러면 국민 여론은 왜 대다수가 평준화 유지를 찬성하는가. 그것은 우리 국민의 독특한 평등의식 때문이라고 생각한다. 평준화 제도 아래에서는 자기 아이가 공부를 못하더라도 드러나지 않다. 즉 과거에 학교별 차이가 있을 때는 어느 중학교, 어느 고등학교 다니는 것만으로 공부를 잘하는지 못 하는지 구분되어 이름 없는 학교의 학부모는 체면이 손상되는 느낌을 갖게 되었다. 그러나 오늘날에는 고교 때까지는 자기 자식이 우수한지 아닌지 드러나지 않으니 그에 따른 스트레스는 받지 않는다.

우수한 학생보다는 평범한 학생이 많으므로 여론조사 결과도 학교 간 우열이 드러나지 않는 평준화 선호가 높은 것은 당연하다. 그러나 실제로 사교육비는 더 들어간다는 사실을 직시해야 한다. 입시학원이 2001년 1만 7,833개소에서 2006년에는 3만 2,829개소로 늘어난 것을 보면 사교육이 얼마나 늘었는지 알 수 있다.

공교육을 정상화하고 일정한 기준을 충족한 사립고등학교는 자율성을 허용해 수요자의 학교 선택권을 주어야 할 것이다. 진정한 리더십은 단순히 국민의 취향을 따를 것이 아니라 국가 발전을 위해 옳은 일이라면 적극적으로 국민을 설득하고 유도하는 것이다.

교육투자 확대와 효율성 향상

교육자치, 지방자치 통합으로 지자체 교육 역할 확대

　정부는 교육투자를 늘려야 한다. 중앙정부는 이미 교육재정 교부율을 상향 조정했다. 해마다 재정적자가 누적되므로 교육투자를 늘리는 데 한계가 있다. 따라서 앞으로는 지자체의 교육투자를 확대해야 한다.

　우리나라 지방자치단체장 선거를 보면 한 가지 특이한 점을 발견할 수 있다. 자기 지역의 학교 발전이나 교육투자를 위한 토론이나 공약이 늘어나고는 있다. 그러나 비중 있게 다루지는 않는다. 일부 지자체장은 교육에 관심을 나타내지만 전체적으로 아직 우선순위는 그리 높지 않은 것 같다. 경기도 일부 개발지역의 경우 개학 때가 되었는데 학교시설이 미처 완공되지 않아 학부모들의 항의 소동이 벌어졌다. 그런데 항의 대상이 시장이나 도지사가 아니라 교육부를 비난한다.

　우리나라 국민의 최고 관심사가 교육인데 지방자치단체가 교육을 중요 과제로 생각하지 않는다. 그 이유는 지방자치와 교육자치가 분리되어 지방자치단체는 교육에 책임이 없기 때문이다.

공립학교에 근무하는 교원들도 지방공무원이 아니라 국가공무원이며 교부금도 지방교부금과 지방교육교부금으로 구분되어 있다. 도나 시·군의 교육에 대한 재정지원은 법적으로 가능하나 지원액의 사용권한은 교육위원회와 도교육감에게 있다(법률개정으로 지방의회의 권한이 강화되었다).

예를 들면 용인시의 경우 2005년 일반회계예산 8,323억 원을 포함해 총세출예산 규모가 1조 2,391억 원인데 교육 지원경비는 254억 원으로 일반회계의 3.09%여서 총세출예산의 2.05%에 불과하다. 또 충남 아산시는 총세출예산 6,225억 원 중 교육예산은 163억 원에 불과하다.

주민이 교육에 관심이 많은데도 교육투자를 별로 안 하는 이유가 무엇일까.

첫째, 지방자치와 교육자치가 분리되어 지방자치단체장은 교육이 내 일이 아니라고 생각한다. 필자가 정부에 있을 때 교육에 관심을 갖고 도지사나 시장·군수에게 '왜 교육에 투자를 많이 하지 않는지' 물어보면 대부분 교육은 지자체 일이 아니므로 법적으로 책임질 일이 아니라고 했다. 다만 교육의 중요성을 감안해 재정적으로 지원할 뿐이라는 것이다. 그러므로 예산의 5% 미만의 교육지원도 대단히 많이 한다고 여겼다.

둘째, 교육자치는 도 교육감과 시·군 교육장의 책임 아래 하도록 되어 있으므로 지자체가 재정적으로 교육을 지원해 결과가 좋을 경우 지자체장으로서는 생색이 별로 나지 않는다. 이런 여건에서 지자체가 교육투자에 크게 관심을 두지 않는 것이다. 지방재정에서 교육투자를 확대하려면 지자체장의 교육에 대한 책임성을 제도적으로 강화해야 한다. 이를 위해 지방자치와 교육자치를 통합하거나 연계성을 대폭 강화하는 방안을 검토해야 한다. 지방자치와 교육자치가 통합형이 좋은지 분리형이 좋은지는 국가마다 여건에 따라 다르다.

현재 지방자치와 교육자치 통합에는 지방자치 측에서는 통합주장이 많은 것 같고, 교육계에서는 현행대로 분리 주장이 많은 것 같다. 분리 주장의 논리는 통합할 경우 교육투자 재원이 도로나 경로당같이 다른 목적으로 전용될 가능성이 크다는 것이다. 생각건대 교육에 대한 국민의 관심사가 큰 우리나라 형편에서 그럴 가능성보다는 오히려 교육투자가 늘어갈 것이라고 본다.

통합할 경우 교육의 중립성이 훼손될 가능성이 크다고도 한다. 이 문제는 통합형으로 하더라도 학사행정·교원인사 등은 교육전문가들이 결정하도록 제도적 방안을 강구할 수 있다. 지방자치단체장에게 교육 책임을 지우면 교육투자는 현재보다 4~5배 이상 늘어날 것이다.

〈이코노미스트〉 2007년 11월 10일자 보도에 따르면 현재 뉴욕시는 블룸버그 시장이 교육정책을 직접 관장해 연방정부에서 독점관리 업무를 수행하던 변호사 출신을 교육행정 책임자로 영입해 대대적인 교육개혁을 추진하고 있다. 최근까지의 성과는 중·고등학교의 중도 탈락률이 줄어드는 등 대폭 개선되고 있다고 한다. 이는 교육자치와 지방자치를 분리해야 하고 교육행정은 교육전문가만이 해야 한다는 고정관념을 재고하게 한다는 점에서 시사하는 바가 크다.

영어교육 투자 확대

오늘날 많은 초·중·고등학생이 외국으로 유학하는 목적은 대개 영어공부를 하는 데 있다. 전 세계가 하나로 되는 오늘날 영어는 컴퓨터와 함께 필수적이다.

우리 국민은 영어를 배우기 위해 엄청난 시간과 비용을 들이고, 이를 위한 사교육비 부담도 무척 크다. 학교에서 제대로 안 가르치니 해외로, 학원으로 갈 수밖에 없다. 따라서 영어만이라도 학교에서 제대로 배울 수 있게 해야 한다.

적어도 전국 초·중·고교에는 한 학년에 1명 이상 원어민교사를 배치해야 한다. 이렇게 되면 영어를 배우기 위한 해외유학과 사교육비 지출은 대폭 줄어들 것이다. 그로써 절약한 소득은 다른 소비로 연결해서 내수 진작에 기여할 수 있다. 이것은 잉글리시 디바이드[•]를 줄여 소득분배 개선에도 도움이 된다.

원어민교사 배치에 소요되는 예산은 교사 1인당 연봉 4,000만 원으로 가정하고 전국 중·고교 5,000여 학교당 1명이면 2,000억 원, 한 학년에 1명이면 6,000억 원이 소요된다. 이 정도 예산은 국민의 사교육비 부담 완화를 위해 중앙정부와 지방자치단체가 협력하면 능히 부담할 수 있다.

● **잉글리시 디바이드** English Divide 영어실력의 격차가 장래의 사회적 지위와 부를 결정 짓는 핵심 요소라는 인식을 지칭한다.

교과과정과 교과서의 획기적인 개편

개편의 필요성

많은 교육개혁 과제를 추진해왔는데, 대부분 대학입시제도 개혁과 학급당 인원수 축소를 위한 교사·교실 확대 등에 역점을 두었다. 배울 내용이 별 의미 없다면 학급당 인원이 줄어드는 등 교육 여건이 개선된다고 해서 무슨 의미가 있는가. 한 교실에서 50명이 교육받더라도 영어 회화 강의는 나름대로 쓸모 있지만 교육 여건이 개선되어 한 교실에서 5명이 라틴어 교육을 받는다면 그 교육이 쓸모 있는가. 모든 학생이 라틴어를 잘한들 무슨 소용이 있을까.

교육개혁에서 교육 여건 개선에 대한 관심에 비해 교과과목이나 교과서 내용에는 관심이 별로 없다. 교육 내용은 일단 잘된 것으로 간주하는 셈인데 정말 그런가. 교실 확충이나 증원 등 교육 여건 개선에는 엄청난 재원이 소요되는 데 비해 교육내용 개선에는 비용이 많이 들지 않으면서도 교육의 핵심 과제다.

우리가 교과과정 등에 얼마나 무심하게 대응했는지 예를 들어보자. 필자가 1968년 대학 입학시험을 칠 때 입시과목은 국어, 영어, 수학, 독일어, 일반사회 5과목이었다. 당시에는 내신 등이 전혀 없었으므로 독일어의 비중이 1/5로 무척 큰 셈이었다. 다행히 필자는 독일어 시험을 잘 쳐서 대학에 합격했다. 그 후 직장생활에서 독일어는 전혀 사용할 기회가 없었고, 독일은 2004년에 처음 가보았다.

독일어는 대학입시 비중이 1/5이나 되어 고교 3년 동안 열심히 했는데, 독일어 지식이 인성이나 직장생활에 얼마나 도움이 되었는지 의문이다.

그런데 오늘날에도 수많은 고교생이 독일어를 반강제로 배우고 있다. 예를 들면 일반계 고교는 제2외국어 선택이 의무이며 학생은 자기 학교에 개설된 2~3개의 제2외국어 중 1개를 선택해서 듣는다. 학생이 중국어를 듣고 싶어도 학교에 독일어, 프랑스어밖에 없으면 할 수 없이 그중 하나를 선택해야 한다.

몇 년 전까지 많은 학교가 독일어, 프랑스어 등 제2외국어 가운데 한 과목만 개설해 학생들이 선택의 여지가 없었다. 필자가 기획예산처 차관 시절 제2외국어 의무화 문제를 교육부에 제기하자 개선방안으로 적어도 2개 이상의 제2외국어를 개설하게 되었다. 독일어를 사용하는 독일, 오스트리아, 스위스 외에 전 세계에서 독일어 교육을 가장 많이 받는 나라가 한국이라고 한다.

여기서 불합리한 교과 과목의 예로 독일어를 거론했을 뿐 독일어 교육이 전혀 불필요하거나 배워서는 안 된다는 뜻이 아니다. 과연 제2외국어를 모든 고교생이 강제로 배워야 하는지 문제를 제기하기 위해 예를 든 것이므로 독일 정부나 독일어 관계자의 오해가 없기를 바란다.

세계화 시대에 외국어 공부는 중요하고 필요한 사람은 제2외국어도 배워야 한다. 그러나 수십 년 동안 효용가치가 그리 크지 않은 특정 외국어를 강제로 배우게 하는 것은 정당성이 부족하다.

또 다른 예를 들면 중·고교 교육과정에서 사회과목을 세분하면 2006년 현재 단원 기준으로 경제 과목은 9%인 데 비해 지리는 38.2%, 세계사는 26.6%이다. 고 2, 3학년의 사회과목 중 심화선택 과목에서도 경제는 1과목인 데 비해 지리는 한국지리, 세계지리, 경제지리 3과목이나 된다. 지리과목의 비중이 이렇게 높은 것이 합리적인가.

예를 더 들면 음악, 미술 과목의 비중도 크다. 전인교육이라는 명분 아래 그런지 모르지만 과연 그럴 필요가 있는가. 기본적인 내용만 필수로 가르치고 그다음은 적성이 있는 학생은 선택과목으로 더 깊이 배우거나 과외 활동에서 배우게 하면 안 될까. 미술에 소질이 없는 사람이나 미술과 상관없는 직업에 종사할 학생까지 장기간 의무로 배우게 하는 것이 옳은가.

예산낭비를 따질 때 지방자치단체 청사가 지나치게 크거나 도로를 개설했는데 이용자가 별로 없다고 정부를 비판한다. 그런데 수백만 명의 학생이 몇 십 년 동안 적성에도 안 맞고 반드시 배울 필요도 없는 과목을 위해 수업료를 내고 교과서, 참고서를 사고 밤늦게까지 공부한다. 때로는 과외까지 하는 데 들어가는 사회적 비용은 왜 낭비라고 생각하지 않는가. 엄청난 비용과 시간을 투입하면 그에 상응하는 효과가 있어야 하는데 학생 개인이나 사회에 무슨 도움이 되었는가.

교육과정이 왜 이렇게 되었는가. 결론적으로 교과과정을 교육 서비스 공급자인 교수, 교사 중심으로 논의하고 학생이나 기업 등 수요자의 의견은 제대로 반영하지 않았기 때문이다. 예를 들어 어떤 과목의 수업 시간이 줄면 관련 교사 수요가 줄고 나아가 대학의 관련 학과 정원이나 교수 수요도 줄게 된다. 따라서 교과과목 조정은 관련 과목 교수나 교사의 생존권과 직결되므로 간단하게 조정할 수 없다.

예를 들어 독일어, 프랑스어 등 제2외국어를 완전히 선택과목화하면 얼마나 많은 학생이 선택할까. 아무도 선택하지 않으면 그 과목 선생님은 어떻게 될까. 이런 현실적인 문제 때문에 교과과목 조정이 제대로 될 수 없었던 게 사실이다. 그렇다면 언제까지 선생님을 위해 학생이 억지로 배워야 하는가. 교과과목 조정으로 손해 보는 과목의 교사들은 전과 교육 등 보완 대책을 마련하면 된다.

미래 세대가 무엇을 배우는지에 따라 개인의 행복과 국가의 운명이 결정된다. 교과과정에 대한 전면적인 검토가 필요하다. 우리가 지향해야 할 사회는 지식기반 사회이다. 고임금을 뒷받침하려면 고부가가치 산업을 육성해야 한다. 이를 위해서는 창의성 있는 인재를 양성해야 한다. 획일적인 교육으로는 이제 안 되므로 다양성과 자율성을 높여야 한다. 각자 개성을 최대한 발휘하게 하려면 획일적인 교과과정을 줄이고 선택과목을 늘려야 한다.

2007년 고교 교육과정 개편안이 발표되었는데 새 교육과정은 공급자 위주로 거꾸로 가는 것 같다. 고교 2, 3학년 과정에서 현재는 체육, 미술, 음악 중 1과목을 선택하게 한다. 개편방안에 따르면 이를 체육과

음악, 미술 중 하나로 2개 필수과목으로 분리했다. 일부 신문은 체육을 필수과목으로 했다고 보도해 금번 개혁안에서 체육을 중시한 것처럼 비춰졌는데 실제는 음악, 미술교육이 강화되었다. 체육, 음악, 미술 중 하나를 필수로 선택하도록 되어 있는데, 90% 이상의 학생이 체육을 선택하고 10% 미만의 학생이 음악 또는 미술을 선택한다.

앞으로는 음악 또는 미술 중 한 과목을 반드시 선택해야 하므로 이들 과목의 수강생이 급증하고 그 결과 교수도 충원해야 한다. 내신에서 이들 과목의 비중도 늘어날 것이 다. 아울러 예능과목이 필수과목으로 되면서 선택과목수는 그만큼 줄어들 전망이다. 과연 선진국들도 고 2·3학년에게 예능교육을 필수과목으로 강화하는가.

이는 교육개혁의 큰 방향이 공급자에서 수요자 위주, 필수과목에서 선택과목으로 가는 것에 역행하는 결과다. 우리 장래를 짊어질 미래 세대가 배워야 하는 교과과목 개편에 기성세대가 너무 무관심하다. 인간은 자기가 좋아하는 일을 할 때 능력을 최대한 발휘할 수 있다. 교과과정 개편 논의와 함께 교과서 내용에 대해서도 진정한 토론이 필요하다.

경제교육을 예를 들면 시장경제의 핵심이라 할 기업의 존립 목적에 대해 많은 학생이 이윤추구보다는 고용증대, 소비자 만족 등으로 인식한다. 《국부론》의 저자가 애덤 스미스인 것은 알면서 '보이지 않는 손' 인 가격 기능이 정부규제보다 왜 더 효율적인지 분명히 인식하지 못한다. 또 경제활동에서 핵심적인 개념인 기회비용•도 정확히 알지 못한다.

●**기회비용** 일정한 생산요소를 가지고 어떤 생산물을 생산한다는 것은 그만큼 다른 생산물의 생산을 단념하는 것을 의미한다. 생산 기회를 잃게 된 다른 생산물의 이익은 실제로 생산된 생산물의 일종의 비용으로 간주할 수 있는데, 이러한 비용을 기회비용이라 한다.

남미의 국민이 포퓰리즘에 좌우되는 원인 중 하나는 합리적인 판단을 못하기 때문이다. 교육을 잘못 받으면 여론이나 나라가 잘못될 수밖에 없다. 미래 세대가 무엇을 배우는지 곰곰이 따져보아야 한다.

대책의 방향

교과과정 선정과 교과서 작성은 헌법 제정하듯이

어린 시절 학교에서 무엇을, 어떻게 배웠느냐에 따라 사람의 가치관이 결정된다. 대다수 국민이 어떤 가치관을 지녔느냐에 따라 국가의 경쟁력과 운명이 결정된다.

기업은 고용증대가 가장 중요한 목적이고 이윤은 사회에 환원해야 한다고 배운 학생이 많다보니, 세계 어느 나라보다 학력수준이 높은 우리나라에서 반시장적인 경제 대책이 나오는 것이다. 이런 점에서 학교의 교과과정과 교과서 내용의 중요성을 아무리 강조해도 지나치지 않다. 그러나 현실은 교과과정이나 교과서 내용에 관심 있는 사람이 별로 없는 것 같다.

예를 들어 교과과정이나 교과서 작성 시작단계부터 정성이 부족하다. 경제·사회개발 5개년 계획을 작성하던 시기에 5개년 계획 작성지침을 만들기 위해 각계각층의 전문가와 수많은 토론을 하고 외국의 전문가를 초빙하여 자문을 받기도 했다. 교과서 작성의 경우 토론과 심의 과정이 있으나, 참여인사가 관련 교수나 교사 위주로 범위가 한정되어 광범위한 의견수립이 미흡한 것 같다.

미래의 주인공인 청소년에게 무엇을 우선적으로 가르쳐야 하는지 각계의 석학이 사려 깊게 중지를 모아 결정해야 한다. 그동안 교과과정은 기득권 위주의 선례답습식 검토만 이루어졌으므로 이번 기회에 제로베이스에서 설계할 필요가 있다.

'미래경쟁력 교육과정 검토 위원회'를 대통령 직속으로 설치하고 교육 서비스 공급자인 교수, 교사만이 아니라 경제계, 과학계, 문화계 등 각계각층의 석학과 지도급 인사가 참여하게 해 국민적 공감대를 형성해야 한다. 위원회는 초·중·고교에서 한정된 수업시간에 가르쳐야 할 필수과목과 선택과목, 주요 교육과정의 골격을 정한다. 이 위원회는 교수, 교사의 압력에서 자유로운 상태에서 토론할 수 있어야 한다. 개편 결과 기득권이 침해되는 교수, 교사의 현실적인 문제는 따로 대책을 강구하면 된다.

교과서 작성에 인센티브 강화해야

교과서에 담을 내용, 원칙 등이 정해지면 실제로 교과서를 만드는데, 이 과정에 각계 권위자들이 제대로 참여하지 못하는 것 같다. 경제적 인센티브가 너무 부족하기 때문이다.

경제 교과서를 예를 들면 고교의 경우 교과서 종류가 5종이고 필자 수가 4~7명임을 감안하면 인세율을 10%로 잡았을 때 인세는 1인당 평균 연 200만 원 정도에 불과하다. 또 국정도서의 원고료는 2008년 예산 기준으로 원고지 1매당 1만 3,000원에 불과해 회사의 사보 원고료보다 못한 실정이다. 초등학교 교과서 1권 집필료는 600만 원 정도다. 검정료 인센티브가 미흡하기는 마찬가지다. 경제 과목을 예를 들면 6인의 검정위원이 5종의 교과서를 10일 이내의 합숙기간에 검토해야 하는데,

검정수당이 책 한 권당 20만 원에 지나지 않는다.

현실이 이러니 대학교 조교가 교과서를 쓰고 교수가 감수한다는 소리까지 나온다. 좋은 건물을 짓고, 컴퓨터 시설을 확충하기에 앞서 교과서부터 정성들여 만들어야 한다. 그동안 교육개혁이 입시제도 개선이나 학급당 인원 확보 등 거창하고 막대한 돈이 들어가는 일에만 집중되면서 정말 중요하면서 돈도 얼마 안 드는 일은 등한히 한 것 같다. 돈이 없어 교과서를 잘못 만들었다고 할 수는 없다.

교과서 작성에 각계 권위자가 자기 명예를 걸고 참여할 수 있게 경제적 인센티브를 포함한 각종 유인책을 강화해야 한다. 외국에서는 각계의 권위자가 은퇴하기 전에 꼭 하고 싶은 것 가운데 하나가 좋은 교과서를 쓰는 것이라고 한다.

교육개혁에서 무엇이 중요하고 우선인지 다시 한 번 근본적으로 재검토해야 한다. 현재 교과 내용의 문제점을 구체적으로 예시하면 총론으로 전달하고자 하는 내용이 너무 많고 평면적으로 서술되어 있어 무엇이 중요한지 분명하지 않다. 또 일상생활에서 반드시 인식해야 할 개념이나 사고의 틀을 형성하는 데는 미흡한 것이 많다.

예컨대 경제제도, 이론 등을 기술하는 과정에서 자본주의 시장경제에 가장 중요한 핵심개념인 기회비용 개념과 시장기능의 중요성도 다른 내용과 같이 평범하게 처리되었다. 즉 고교 졸업생이라면 반드시 공유해야 할 기본적인 사고방식이나 생활의 준칙을 우선 강조해야 할 터인데 교과서 내용이 단순 나열식이라 '반드시 알아야 할 것' 과 '알면 좋은 것' 이 구별되어 있지 않다.

교과서 내용이 이렇게 된 이유는 좋은 것은 다 가르치자는 생각과 기회비용의 개념이 없는 데서 비롯된 것이다. 예컨대 독일어나 아프리카의 기후나 지형이 배울 필요가 없다는 것이 아니라 같은 비용이라면 그 시간에 우리 생활에 반드시 필요한 가치관과 사고방식을 확실히 한 후 다른 지식을 배워야 한다는 것이다.

의무적 이수과목을 줄여야

반드시 인식해야 할 개념을 강조하려면 불가피하게 덜 중요한 내용은 줄일 수밖에 없다. 인간으로서 가치관 정립과 관련이 적은 내용, 단순한 지식을 공급하는 내용, 그 지식이 우리 생활에 관련이 적은 것 등은 줄여도 된다.

예컨대 아프리카나 남아메리카의 기후, 지형 등에 대한 정보는 가치관 형성이나 일상생활과 별 관련이 없다. 따라서 온 국민이 의무적으로 배울 필요는 없다. 기업경영 등에서 필요할 때는 그때그때 관련 정보를 구하면 된다. 독일어, 프랑스어 등 제2외국어 의무화도 재고해야 한다. 이를 모든 학생이 시간을 들여 의무적으로 배울 필요가 있는지 다시 생각해볼 문제다.

초·중·고등학교 과정 동안 모든 학생이 의무적으로 이수해야 하는 과목도 줄여야 한다. 전인교육이라는 이름 아래 수많은 과목을 의무화하는 것은 창의성 배양이나 인격형성에 도움이 안 된다. 요즘은 모든 성적이 내신성적에 반영되어 사교육비 부담이 늘어나므로 의무과목을 줄일 필요가 있다. 외국의 예를 참고 삼아 많은 논의가 있어야 한다.

대학총장 직선제

우리나라 미래는 지식산업 육성에 달려 있다. 지식산업의 육성은 우리나라 대학의 경쟁력에 달려 있다.

세계 각국을 대상으로 스위스 IMD 연구소가 조사한 바에 따르면 우리나라는 2003년 25~34세 인구의 고등교육 수학률이 캐나다, 일본에 이어 세계 3위로 나타났다. 그러나 같은 기관의 2004년 조사에서 국내 기업인의 대학교육의 유용성에 대한 인식은 조사대상 60개국 중 59번째였다. 즉 많은 사람이 대학을 가지만 기업에서 필요한 인력은 제대로 공급되지 않는다는 뜻이다.

그동안 우리나라 대학은 공급자 위주였다. 학벌을 중시하는 문화에서 너도나도 대학에 진학하려니 수요자인 학생과 기업에 대한 서비스를 게을리 해도 별 문제가 안 되었다. 그러나 최근 대학교육 여건은 크게 바뀌었다.

대학 정원이 대학 지원자 수를 넘고 기업도 국적을 불문하며 학교보다는 적성과 능력위주로 직원을 채용한다. 따라서 대학도 개혁하지 않고는 현상유지도 어려운 시대가 되었다.

다른 개혁과 마찬가지로 대학 개혁도 개혁 과정에서 기득권을 침해당하는 계층이 있고, 그 계층은 반발하게 마련이다. 수요자인 학생 위주로 개혁하려면 공급자인 교수나 교직원의 기득권이 축소되는 경우가 있다. 이런 점에서 대학총장 선거제는 문제가 많다. 일부 사립대학을 제외하고는 많은 대학이 교수직선제 또는 교수 외에 교직원도 부분적으로 참여하는 직선제 형식으로 총장을 선출한다.

이 제도의 첫째 문제는 대학이 교수만의 학교가 아닌데 교수만이 투표권을 행사함으로써 교수의 이해를 주로 대변하는 점이다. 교수를 상대로 표를 달라면서 어떻게 과감한 구조조정을 하겠는가. 축소해야 할 학과의 교수들이 구조조정을 하지 않겠다고 요구하면 이를 거절할 수 있겠는가.

선거 과정의 교직원 참여도 같은 문제가 발생한다. 그들은 자기들의 이해를 지키려고 노력할 것이다.

또 선거 과정에서 총장 후보를 중심으로 교수들의 파벌이 조성되고, 선거 이후에도 갈등이 지속되는 경우가 많다. 선거에서 이긴 세력이 보직교수를 독점하기도 한다. 특정 단과대학 출신이나 특정 대학, 특정 고고 출신이 아니면 곤란하다는 이야기도 많다.

현실적으로 대학총장 선거가 혼탁하다 보니 선거관리를 중앙선거관리위원회에 위탁하기에 이르렀다. 교직원의 눈치를 볼 수밖에 없는 교수 중심의 총장직선제는 개선해야 한다.

많은 외국 대학에서 실시하는 추대위원회 방식[*]을 대안으로 생각할 수 있다. 추대위원회는 교수, 교직원, 학생, 동창회, 학부모 대표 등이 참여하여 각계의 추천을 받아 면접 등을 통해 총장을 선임한다. 이 경우 대학 이해관계자의 의견을 고루 반영하고 교수 사회가 정치화되는 부작용도 막을 수 있다.

● **추대위원회 방식** Search Committee 예컨대 대학총장을 하고자 입후보한 사람 중에서 총장을 선출하는 것이 아니라, 총장선출 위원회가 광범위하게 총장 후보를 물색하여 그중 가장 적합한 사람을 선택하는 방식이다.

이공계 학생에게도 경제학·경영학 강의

우리의 미래는 과학 발전에 달려 있다. 그런데 학생들이 이공계를 기피하는 현상이 심화되고 있다. 그 이유 가운데 하나는 이공계 출신에 대한 사회적 대우가 미흡하기 때문이다.

기술직이 많은 지식경제부, 교육과학기술부, 국토해양부 등에서도 기술직 출신 장·차관이 별로 없다. 기업에서도 기술직은 CEO까지 올라가는 경우가 많지 않다. 그러나 정부나 기업에서 이공계 출신 직원이 능력이 있는데 이공계 출신이라고 일부러 홀대하는 것은 아니다. 이공계 출신이 정부나 기업에서 최고위직에 오른 경우가 많다.

그러나 현실적으로 이공계 출신이 고위직에 적은 이유가 있다. 전공에 상관없이 어떤 조직에서 최고위직에 오르기 위해서는 인사·조직관리와 경영마인드가 있어야 한다. 또 정치, 경제, 금융 등에도 관심과 식견이 있어야 한다. 문과계 출신에 비해 이공계 출신은 그런 분야에 관심이 미흡한 경향이 있다.

필자가 미국 펜실베이니아대학교 경영대학원$^{\text{Wharton School}}$에서 공부할 때 2008년 현재는 해체된 ATT 회장이 특강한 적이 있다.

그때 "회장님은 대기업의 CEO가 된 장점을 무엇이라고 생각하는가"라는 학생의 질문에 그는 "나는 항상 동료에 비해 여러 문제에 폭넓게 관심을 가졌다"라고 대답했다. 그러면서 그는 이공계 출신이면서도 하급직원 때부터 경제정책, 금융 등에 관심을 가졌다고 했다. 이런 점에서 이공계도 경영학원론 같은 과목을 교양 필수과목으로 가르칠 필요가 있다.

카이스트^{KAIST}의 로버트 러플린 전 학장이 카이스트 개혁방안의 일환으로 이공계 과목뿐만 아니라 경제 등 다른 학과 확대를 주장한 것은 시사하는 점이 있다.

세계적인 공과대학인 MIT에 유명한 경영대학원$^{\text{Sloan School}}$이 있고 경제학과에는 새뮤얼슨$^{\bullet}$ 같은 유명한 교수가 있었음을 생각해야 한다. 이공계 출신이 고위 관리직에 오르거나 창업으로 돈을 많이 벌어야 이공계에 우수한 학생이 몰릴 터이다. 이를 위해 이공계 학생에게 그런 능력을 키워주어야 한다.

● **새뮤얼슨** Paul Anthony Samuelson 미국의 경제학자로, 1970년 노벨경제학상 수상했다. 새뮤얼슨의《경제원론》은 경제학 교과서로 인기가 많았다. 그의 이론적 입장은 거시적인 케인스 이론과 고전적인 미시적 이론을 종합하는 신고전파 종합이라 할 수 있다.

영어 라디오 방송 실시

우리나라 사람이 영어공부에 시간과 돈을 얼마나 많이 소비하는지는 물을 필요가 없다. 미국에서 공부하는 한국 학생이 2005년 9월 말 현재 8만 6,626명이나 된다. 또 대학생들의 6개월 또는 1년쯤의 해외 영어연수는 흔한 일이 되었다. 모두 영어공부를 위한 것이다.

그렇다면 국내에서 영어회화를 쉽게 공부할 수 없을까.

가장 좋은 방법은 영어 라디오 방송이라고 생각한다. 많은 사람이 텔레비전이나 컴퓨터를 통해서 영어를 익히지만 이동 중에는 듣기 곤란하다. 그래서 카세트를 많이 이용하지만 휴대도 불편하고 내용도 다양하지 않아 불편한 점이 많다. 영어 라디오 방송은 이동 중에 쉽게 들을 수 있다는 점에서 편리하다.

영어 라디오 방송은 다양한 분야의 이야기를 24시간 한다는 면에서 영어교육에 도움이 될 것이다. 2008년 현재는 방송 주파수 부족으로 제주도에서만 영어 라디오 방송 청취가 가능하고 수도권에서는 DMB 외에는 들을 수 없다. 영어 라디오 방송을 위한 신규 주파수가 없다면 기존 국영 FM방송을 조정해서라도 영어 라디오 방송을 신설할 필요가 있다. 음악 등을 위한 FM라디오 방송은 많이 있어 조정할 여지가 있다.

영어 라디오 방송은 영어를 배우는 수많은 사람의 시간과 돈을 절약해준다는 점에서 시급한 민생 문제라고 생각한다. 세계화 시대에 국제 경쟁력을 키우고 동북아의 경제 중심지가 되는 것은 말만으로 되지 않는다. 우리 국민이 세계화될 수 있는 역량을 만들어주어야 한다.

part 04

노동시장의 유연성이 높아져야 한다

노동시장 유연성 제고와 사회안전망 강화 빅딜 필요

사람이나 동물이나 환경 변화에 신속하게 적응하지 못하면 죽는다. 공룡은 기후변화에 적응하지 못해 멸종했고, 사람은 늙으면 몸과 사고의 유연성이 떨어져 죽는다.

요즘같이 세계화로 국경이 없어지고 정보화로 변화가 빠른 세상에서 유연성이 떨어진 사회는 경쟁에서 살아남을 수 없다. 따라서 사회 전반의 유연성이 높아져야겠지만 그중에서도 가장 중요한 것이 기업이고 기업 변화에 적응하려면 노동의 유연성이 필수적이다.

노동시장의 유연성은 근로자로서는 고용불안을 초래하므로 노동계의 반대는 당연한 것으로 이해할 만하다. 그러나 노동계의 주장대로 노동의 유연성을 지나치게 억제하면 오히려 고용이 더 불안해지는 문제점이 있다.

우리나라는 실업문제가 심각하게 대두되고 있으며 그중에서도 청년실업은 가장 중요한 사회문제다. 2008년 3월 평균실업률은 3.4%이지만 청년실업률은 평균 7.6%로 훨씬 높다. 또 경제가 성장해도 과거보다 고용 유발이 훨씬 적다.

기업계에서는 기업의욕이 떨어지는 중요한 원인으로 노사문제를 제기한다. 외국인 투자가들도 한국 투자의 가장 큰 걸림돌을 노사문제로 생각한다. 노사문제에서도 핵심은 구조조정의 어려움이다. 기아자동차 비정규직 채용비리 사건같이 일부 대기업이 근로자를 함부로 해고하지 못하는 것은 말할 것도 없고 작업장 배치도 함부로 못하게 되어 있다.

상식적으로 기업이 장사가 잘 안 되면 업종 전환이 당연하고 그 과정에서 구조조정은 불가피하다. 물론 기업가도 근로자의 생계를 생각해 신중히 결정하는 장치가 필요하지만 그것이 지나치면 기업가에게 자선사업을 강요하는 것이나 마찬가지다.

따라서 영리추구라는 기업의 기본 목적까지 희생하면서 사회를 위해 고용유지 의무를 기대하는 것은 무리다. 또 그렇게 할 기업도 없다.

세계적으로 보면 노동시장의 유연성이 큰 미국, 영국 등이 노동시장의 경직성이 큰 독일, 프랑스보다 실업률이 낮다.

2006년 실업률이 미국 4.6%, 영국 4.7%임에 비해 독일 8.4%, 프랑스 9.0%다. 프랑스는 실업률을 낮추려고 미테랑 대통령 시절 잡셰어링*명분으로 근로시간을 주당 35시간으로 무리하게 낮추었으나 경쟁력만

● **잡셰어링** Job Sharing 근로자의 1인당 근무시간을 줄이는 대신 다수가 함께 그 일을 나누어 처리하는 노동의 한 형태다. 예를 들어 사업장의 잉여 노동력이 30%라면 이들을 해고하지 않고 1인당 작업량을 30%만큼 줄이면 인원을 줄이지 않아도 동일한 감량 효과를 얻을 수 있다.

떨어뜨려 별 효과가 없었다. 그러자 종전같이 주당 40시간으로 회귀하려는 움직임이 있다. 현 사르코지 대통령은 연금개혁·노동개혁을 강력하게 추진 중이다

독일은 근로자의 경영참여 등 노조의 영향력이 어느 나라보다 강력하고 각종 연금, 휴가제도에서도 근로자 복지가 앞선 나라다. 그러나 독일 기업의 경쟁력이 약화되면서 근본적인 개혁을 추진하고 있다.

메르켈 수상은 독일의 대처라는 별명을 들을 만큼 경제개혁을 주장한다. 대책의 기본 방향은 노동시장 유연화와 과도한 복지정책 축소다. 많은 기업이 독일의 과도한 근로자복지 부담과 노동비용을 견디지 못하고 외국으로 이전하기 때문이다. 독일의 지멘스는 노동비용 때문에 동유럽으로 공장 이전을 추진하자 노조가 임금인상 없이 근로시간을 주당 35시간에서 40시간으로 연장했다.

노동시장의 경직성이 높아 구조조정 등이 어려우면 기업은 결국 도산에 이르러 전체 근로자가 일터를 잃는 어리석음에 빠지게 된다.

따라서 경제 활성화를 통해 고용을 증대하려면 노동시장의 유연성을 제고해야 한다. 그러나 근로자 입장에서는 현실적으로 구조조정에 따른 고용불안은 당장 생존문제다. 근로자가 구조조정을 원만히 받아들이게 하려면 실업급여, 전직훈련 등 사회안전망을 강화해야 한다.

〈USA투데이〉 2007년 3월 8일자 보도에 따르면 덴마크는 노동시장

● **플렉시큐리티** Flexicurity 유연성 flexibility 과 안정성 security 의 합성어다. 노동시장의 유연성과 사회안정성을 동시에 추구하려는 제도다. 즉 정부는 기업에 '해고의 자유'를 줌으로써 노동시장의 유연성을 가져오고, 노동자에게는 실업급여와 직업교육 등을 통해 '생활안정과 재취업'의 안정성을 제공한다. 덴마크 정부는 플렉시큐리티 모델을 바탕으로 노동시장에서 경쟁력을 확보했다.

유연화와 사회안전망 강화로 성장과 복지문제를 동시에 달성했는데, 이를 플렉시큐리티*라고 한다. 즉 기업이 구조조정을 쉽게 할 수 있게 하고, 그 대신 실직자의 사회보장을 강화했다.

예컨대 해고를 자유롭게 하되, 해고되면 4년 이내에서 이전 급여의 90%를 보상하고, 직업향상 훈련이나 직업알선을 한다. 또 정부가 제공하는 일자리를 특별한 이유 없이 거부하면 실업급여를 제한한다. 이를 위해 기업부담이나 조세부담이 늘어나는 것은 불가피하지만 자유로운 기업활동을 보장한다는 장점이 크다고 생각한다.

따라서 노사가 자기주장만 일방적으로 할 것이 아니라 노동시장 유연성 제고와 사회안전망 강화를 위한 구체적인 대안을 갖고 빅딜^{Big Deal}을 통해 상생하는 방안을 찾아야 한다.

비정규직 증가는 노동시장 경직성이 원인

요즘 고용 동향을 보면 실업자가 늘어나는데, 그중에서도 정규직보다 임시고용, 파견근로자 등 비정규직이 늘었다. 2006년 현재 전체 근로자 중 비정규직 근로자는 35%이다. 대부분의 비정규직 근로자는 정규직과 비슷한 일을 하면서도 임금이나 복지에서 열악한 대우를 받고 있어 사회적으로 문제가 되었다. 노조 등 일부에서는 비정규직 채용을 규제하고 정규직으로 전환하자고 요구한다. 그러나 법률이나 정부규제로 문제가 해결될까.

그동안 경제문제가 발생할 때마다 당위성에 근거해 법률이나 정부규제를 통해 문제를 해결하려 했지만 대부분 실패했다. 아파트 가격이 오른다고 가격을 규제하면 집값이 잡히는가. 아파트 공급을 늘리거나 수요가 줄어야 집값이 안정된다.

비정규직이 늘어난 원인은 다음과 같다.

첫째, 정규직으로 뽑으면 해고가 쉽지 않고 정규직의 급여 수준이 너무 높아 기업이 감당하기 어려워 좀더 저렴한 노동력을 구하려는 동기에서 비롯되었다.

둘째 정보화·세계화 등으로 산업구조와 소비수요가 다양화됨에 따라 노동 수요나 공급 형태가 다양해져 시간제 근로자나 파견근로자의 수요가 늘었기 때문이다. 이런 점에서 비정규직 비율은 우리나라뿐만 아니라 외국에서도 증가하는 추세다.

그런데도 법령으로 비정규직을 정규직으로 하라고 강요하거나 임금인상을 유도하면 어떻게 될까.

일부 효과는 있겠지만 비정규직 채용까지 포기하거나, 자동화를 추진하거나, 임금이 저렴한 동남아 등으로 공장 이전을 추진할지도 모른다. 그렇게 되면 비정규직이나마 일하던 근로자는 어디에서 일자리를 구할까. 비정규직 근로자가 동일업무를 2년 이상 하면 정규직으로 채용하게 하는 대책을 발표했는데, 규제로 비정규직 문제가 해결될지 의문이다.

〈매일경제〉 2008년 5월 19일자 기사에서는, 통계청의 고용동향에 의하면 2008년 4월 일자리가 전년 동월에 비해 29만 9,000명 늘어나 전년 연간 42만 개에 비해 크게 줄었다고 보도했다. 주요 원인은 임시·일용직 등 비정규직 일자리가 전년 같은 기간에 비해 14만 9,000개 줄어들었기 때문이다. 전문가들은 2007년 7월부터 시행된 비정규직보호법이 임시·일용직 고용을 꺼리게 한 것으로 보고 있다.

근본적으로는 경제가 활성화되어 근로자 수요가 늘어나야 한다. 이를 위해서는 노동시장이 좀더 유연해져야 한다. 대기업 노조가 비정규직 문제를 걱정하면서 노동시장 유연성에 반대하는 것은 옳지 않다. 조직력이 강한 대기업 정규직 노조원의 임금을 올리자니 저임의 비정규직 근로자를 많이 쓸 수밖에 없었던 것 아닌가.

과거 가정부의 인권이 규제를 통해 개선되었는가. 정규직 운전기사 월급이 400만 원이 넘는다면 운전기사를 어떻게 정규직으로 쓰겠는가.

비정규직 문제를 시장기능에 반하면서 규제로 무리하게 개선하기보다는 비정규직이라도 기본수요를 충족시키기 위해 교육, 의료 등 사회보장에서 부족한 부분을 정부가 인센티브 부여 등으로 보완하는 것이 현실적이다. 일자리를 없애는 어리석음을 범하지 말아야 한다.

1인당 GDP보다 높은 임금

우리나라 임금상승률은 다른 나라보다 훨씬 높다. 1인당 GDP에 비해서도 임금이 높다. 생산성이 향상된 결과라고 볼 수도 있지만, 생산성과 별 관계도 없는 임금인상이 확산되어 경쟁력 약화를 초래한다. 예를 들어 공장 근로자 임금이 생산성 향상 결과로 올라간다고 하면 생산성과 무관한 구내이발소의 이발사나 구내식당 아줌마 월급도 같이 올라갈 수밖에 없어 물가인상 요인이 된다.

어쨌든 임금이 올라가면 1인당 GDP는 늘어나야 하는데, 임금이 우리나라보다 낮은 경쟁국보다 1인당 GDP는 오히려 낮다. 그 원인은 우리나라 국민 중 일하는 사람의 비율이 외국보다 낮다는 데 있다.

예컨대 2004년 우리나라의 전 산업 월평균임금은 1,990달러인데 대만은 1,220달러로 우리나라보다 낮았다. 싱가포르는 1,970달러로 우리나라와 비슷했다. 그러나 2002년 1인당 GDP는 우리나라가 1만 2,144달러인데 대만은 1만 3,359달러, 싱가포르는 2만 3,999달러로 우리보

[표 4-1] 1인당 GDP 대비 제조업 임금수준

(단위: 달러)

	한국	일본	중국	대만	싱가포르
월 임금(A)	1,990	3,887	160	1,220	1,970
2004년 1인당 GDP(B)	12,144	36,184	1,227	13,359	23,999
(A×12)/B	1.7	1.3	1.6	1.1	1.0

출처: 무역협회, 2004년

다 훨씬 높았다. 결국 우리나라는 혼자 벌고 외국은 여럿이 벌기 때문에 임금은 낮아도 가구소득은 높다.

실업률이 외국보다 낮으면서 일하는 사람 비율이 낮은 것은 통계기술에서 비롯된다. 실업률은 경제활동인구 중에서 실업자의 비율이다. 경제활동인구는 15~64세 인구 중 일할 의사와 능력을 갖춘 사람을 의미한다. 통상 가정주부·학생·군인 등 구직활동을 하지 않는 사람은 제외하다 보니 우리나라는 이들 계층이 외국보다 많아 경제활동인구가 적게 계산된다.

2006년 1월 기준으로 비경제활동인구가 사상 최대로 1,520만 명에 이르렀다. 외국에서는 여성도 대부분 경제활동을 활발히 해 경제활동인구에 포함되므로 일하지 않으면 실업자에 포함된다. 그러나 우리나라 여성은 대부분 구직활동을 하지 않아 경제활동인구에 포함되지 않는다. 그 결과 우리나라는 구직활동을 하지 않는 여성은 놀아도 실업자로 분류되지 않는다.

이렇게 우리나라가 총인구 대비 일하는 사람의 비율이 낮은 이유는 여성의 경제활동참가율이 낮은 것 이외에 진학률이 높아 학생 인구가

(단위: %)

	여 성	남 성
오스트레일리아	66.3	80.8
독일	66.1	79.1
프랑스	63.7	75.3
영국	69.6	83.1
아이슬란드	81.8	89.1
일본	60.2	84.2
한국	53.9	78.2
스웨덴	76.6	80.7
미국	69.2	83.1
OECD 평균	60.1	80.3

주: OECD의 경제활동참가율 기준은 만 15~64세
출처: OECD, 2004년

많고, 군인도 상대적으로 많기 때문이다. 15~24세의 경제활동참가율은 호주 68%, 영국 68%, 미국 62%, 스웨덴 52%, 독일 47%, 일본 45%인데 우리나라는 34%이다. 또 여성의 경제활동참가율도 2004년 기준 일본 60.2%, 프랑스 63.7%, 스웨덴 76.6%, 영국 69.6%, 미국 69.2%인데 우리나라는 53.9%이다.

따라서 우리나라가 임금이 안정되고 1인당 소득이 높아지려면 일하는 사람을 늘려야 한다. 이를 위해 청소년과 여성의 경제활동참가율을 높여야 한다. 우리나라 여성은 어느 나라보다 우수하다. 그동안 사회적 관심과 제도가 여성의 경제활동참가를 억제한 면이 많다.

여성의 사회진출에 가장 큰 장애는 보육시설 부족과 높은 보육비 문제다. 보육시설 확충은 시장기능에만 맡기면 보육비 상승을 초래하므로 공공재라는 관념에서 국가가 적극 지원해야 한다. 저소득층에 대한

[표 4-3] 주요 OECD 국가 고용률과 실업률

(단위: %)

	한국	미국	일본	독일	영국	프랑스	멕시코	OECD평균
고용률	63.7	71.5	69.3	65.5	72.6	62.3	59.6	65.5
실업률	3.9	5.1	4.6	11.3	4.6	9.9	3.6	6.7

출처: OECD, 2005년

보육비 지원은 소득분배 개선에도 적극 기여할 것이다.

아울러 정책당국자는 실업률과 동시에 고용률을 중시해야 한다.

고용률은 '취업자·15~64세 인구' 이므로 일할 수 있는 인구 중에서 실제 일하는 인구 비율을 나타낸 것이다. 따라서 그 나라 인구 중 실제 일하는 사람이 얼마나 되는지 알아보려면 실업률보다 고용률을 보는 것이 합리적이다. 우리나라가 실업률이 낮으면서 고용률이 낮은 것은 경제활동참가율이 낮기 때문이다.

우리나라의 실업률은 OECD 회원국 중 낮은 수준이다. 2005년 OECD평균 실업률이 6.7%인데 비해 우리나라는 3.9%로 미국 5.1%, 일본 4.6%, 독일 11.3%, 영국 4.6%에 비해 낮다. 실업률 통계를 보면 우리나라가 선진국보다 일하는 사람 비율이 높은 줄 알지만 실제로는 아닌 경우가 많다.

예컨대 미국, 일본, 독일, 영국의 실업률이 우리보다 높지만 15~64세 인구 중에서 실제 일하는 인구를 나타내는 고용률은 우리나라가 이들 국가보다 오히려 낮다. 즉 우리나라의 고용률은 63.7%인데 미국 71.5%, 일본 69.3%, 독일 65.5%, 영국 72.6%로 우리보다 높다.

여성근로자 보호 비용은
국가 부담으로

여성은 남성과 달리 아이를 낳고 기르므로 국가장래를 위해 특별히 보호해야 한다. 그러므로 우리나라도 생리휴가, 출산·육아휴가, 근로시간 제한 등을 예외로 인정한다. 이 경우 비용을 최근에는 일부 사회보험에서 부담하지만 많은 경우 해당 기업이 부담한다.

예컨대 여성근로자를 많이 고용하면 해당 기업은 보육시설을 의무적으로 운영하거나 출산·육아휴가 비용부담 등으로 여성근로자 보호로 인한 비용부담이 크다.

이 제도들은 여성근로자의 경제활동 참가를 높이는 데는 일리가 있으나 여성근로자를 사용하는 수요자로서는 저해요인이 된다. 남성근로자보다 여성근로자 고용에 비용이 더 많이 들면 누가 여성을 고용하겠는가.

얼마 전까지 존속했던 여성의 유급 생리휴가는 일도 못 하는데 인건비가 나간다는 측면에서 동일 봉급 체계에서 여성고용 기피로 이어질 수 있다. 기업이 여성을 고용하는 것이 남성을 고용하는 것보다 불리하지 않게 해야 한다. 따라서 여성근로자의 모성보호 비용은 국고 또는 고용보험, 의료보험에서 부담해야 한다.

part 05

부동산 가격 안정은 시장원리로 푼다

아파트 후분양제와
소비자 이익

서울시 은평 뉴타운 아파트 예상원가 공개 내용에 불신의 소리가 많았다. 그러자 서울시는 뉴타운 아파트는 앞으로 후분양하겠다고 했다. 현행 아파트 공급제도는 아파트 공사를 일부 시작한 후 입주권을 일반 소비자에게 매각하는 방식, 즉 선분양제도인데, 후분양제도는 아파트 공사가 완공되거나 완공단계에 아파트를 분양하는 것을 말한다.

현행 선분양제도의 문제점은, 첫째 완공 후 아파트가 당초 모델하우스나 광고보다 품질이 떨어지는 등 다를 때가 많다는 점, 둘째 아파트 건설 도중 건설업체 부도로 공사가 중단되면 돈을 미리 낸 입주자가 피해를 본다는 점이다. 공사 도중 건설회사 부도로 완공되지 않으면 주택보증회사의 보증으로 다른 건설회사가 완공하게 해 입주자 피해가 없게 한다. 하지만 입주자가 불편한 것은 사실이다.

후분양제는 이상의 문제점을 개선하는 장점은 있는데 소비자에게 단점은 없는가.

첫째, 주택공급을 위축할 가능성이 크다. 이제까지 건설회사는 토지만 확보하면 분양해 초기에 많은 자본투입 없이 입주자의 돈으로 공사를 시작했다.

하지만 후분양은 토지매입비뿐만 아니라 공사비까지 모든 비용을 건설회사가 투입해 완공한 다음 분양해야 하니 위험부담이 훨씬 크다. 대단위 단지는 단계별로 분양해 그 결과가 좋으면 2단계 분양하고, 분양 성과가 나쁘면 2단계는 늦추는 등 신축적으로 대응할 수 있는데 후분양제에서는 그렇게 할 수 없다.

후분양제는 막대한 건설 공사비용을 차입할 수밖에 없다. 하지만 신용도가 낮은 건설회사는 차입도 쉽지 않고 이자도 부담해야 한다. 또 차입에 따른 부채비율도 상승한다.

대규모 주택단지는 은행에서 돈을 빌려서 수천억 원을 투자하는데 2~3년 후 분양이 잘 안 되면 어떻게 될까.

물론 '프로젝트 파이낸싱' [•] 등으로 금융기관에 일부 위험을 분산할 수 있다. 그러나 선분양제도에 비하면 위험부담이 커져 대규모 주택건설이 위축될 수밖에 없다. 또 같은 이유로 자금력이 부족한 중소 건설회사는 주택건설 자금을 빌리기 어려워 건설사업이 더욱 힘들어진다. 그리고 막대한 자금 차입으로 건설회사의 부채비율이 높아져 재무구조도 나빠진다.

● 프로젝트 파이낸싱 Project Financing 금융기관이 사회간접자본 등 특정사업의 사업성과 장래의 현금흐름을 보고 자금을 지원하는 금융기법이다. 보통 대규모 자금이 필요한 발전소, 고속도로 건설 등의 사업에 사용되는 방식으로 선진국에서는 이미 보편화돼 있다. 해당 프로젝트 자체를 담보로 하여 장기간 대출해주는 것이므로, 금융기관이 개발계획의 조사와 입안 단계에서 참여하여 프로젝트의 수익성을 심사한다.

둘째, 후분양으로 집값이 안정되지는 않는다. 선분양제는 건설회사가 공사비를 소비자에게 미리 받아 무이자로 활용하는 셈이다. 하지만 후분양제는 이자를 부담하므로 그만큼 건설비가 추가되어 명목상 분양 원가는 상승할 수밖에 없다. 또 현재는 2~3년 후의 주택시장 동향을 잘 알지 못하는 상황에서 선분양해 소비자가 위험부담을 안고 주택을 구입하므로(완공 시 집값이 떨어질지도 모를 위험) 이를 보상하기 위해 입주 시 판매가격을 예상가격보다 낮게 정하는 게 상례다. 하지만 후분양제에서는 당시 시장 가격대로 분양할 것이다.

따라서 현재처럼 신규 아파트에 당첨되어 매매차익을 얻을 기회가 없다. 건설업자가 모든 위험 부담을 지고 집을 완공한 후 분양하는데 시가보다 싸게 분양하라고 요구할 명분이 약하기 때문이다. 이 점은 신규아파트 투기 억제 면에서 긍정적인 효과라고 볼 수 있다.

결론적으로 후분양제는 완공 제품을 보고 산다는 장점이 있다. 그러나 주택공급이 위축된다는 점과 오히려 명목가격은 높아지는 단점이 있다. 집값이 안정되 선분양으로 소비자가 구매를 꺼리면 후분양이 자연히 늘어날 것이다. 시기적으로 공급이 부족해 집값이 불안할 때 후분양 확대는 바람직하지 않다. 선분양이라도 분양 주택을 늘려 수요자를 안심시켜야 하는데 후분양함으로써 분양 주택이 줄어 소비자의 불안 심리를 더 자극하는 결과가 된다.

따라서 아파트 후분양제도는 정부가 강제할 것이 아니라 시장기능에 따라 건설회사와 소비자가 선택하게 하는 것이 합리적이다.

수요 안정과 공급 증대가
핵심적인 안정대책

정부는 많은 아파트가격 대책을 발표하였다. 전문가나 시민단체 간에 찬반이 극명하게 엇갈리는 대책들에는 분양가 원가공개, 분양가 규제, 후분양제가 있다. 찬성측에서는 이들 대책이야말로 가장 효과적인 핵심대책이라 하고, 반대측에서는 반시장적인 정책이라고 한다.

우선 아파트 원가공개 문제를 검토해 보자. 찬성측에서는 아파트가격의 직접 규제는 시장경제에 반하는 것이기 때문에 곤란하지만, 원가공개는 그런 문제가 없음으로 공개해야 한다고 주장한다.

노무현 전 대통령도 과거에는 시장경제에 어긋난다고 반대하다가 나중에는 아파트 원가공개에 대한 국민적 요구가 커 이를 받아들일 수밖에 없다고 언급한 바 있다. 그렇다면 아파트 원가공개를 의무화하면 어떻게 될 것인가? 한마디로 끊임없이 논쟁거리가 생기고 결국에는 가격 규제로 귀착될 것이다.

첫째, 공개된 아파트 원가의 정확성에 대해 불신이 제기될 것이다. 같은 지역의 아파트도 대지 구입가격, 자재가격, 임직원의 봉급 수준에 따라 건설 원가의 차이가 날 수밖에 없다. 그런데 A회사에는 3.3㎡당 1,000만 원이고, B사는 3.3㎡당 1,200만 원이라면 일반 소비자가 그대로 믿겠는가?

예컨대 10년 전 대지를 구입한 회사와 1년 전 대지를 구입한 회사의 원가는 많은 차이가 있을 것이다. 소비자들은 정부나 신뢰할 만한 기관이 나서 원가계산이 정확한지 따져 보라고 할 것이다. 이에 따라 원가검증 과정에서 토지나 자재 구입가격, 설계용역비 등 각종 기업의 영업비밀이 공개될 가능성이 있다.

둘째, 적정 이익률에 대한 논쟁이 제기될 것이다. A회사는 3.3㎡당 원가 1,000만 원에 10% 이익을 붙여 분양가를 1,100만 원으로 정하고, B회사는 좀 더 고품질 아파트라는 명분으로 3.3㎡당 원가 1,100만 원에 10% 이상의 이익을 붙여 1,300만 원에 분양한다고 하면 소비자들은 가만히 있을 것인가? 건설사의 이익률이 높다고 생각되는 아파트에 대해서는 분양가를 낮추라는 압력을 가할 것이다.

그러면 얼마를 낮추면 괜찮은가? 건설회사 입장에서는 혼란스럽기 그지없다. 이런 상황에서는 결국 정부가 나서서 몇 % 또는 3.3㎡당 얼마의 이익을 붙이려고 규제 또는 행정지도를 할 수밖에 없을 것이다.

예컨대 이익률을 20% 이상 인정하면 너무 높다고 할 것이므로, 5~15% 수준에서 정해질 가능성이 크다고 본다. 기존에는 여러 곳에서 아파트 건설을 하고 있었기 때문에, A지역의 이익으로 B지역의 손해

 최종찬의 新국가개조론

를 보충하기도 했다. 하지만 앞으로 아파트 단지 단위로 적정 이윤만 보장하게 되면, 분양되지 않는 지역의 손해는 어떻게 보충해야 한단 말인가.

결국 아파트 건설회사 입장에서는 분양이 잘 되면 10% 이하의 이익을 보고, 잘 안 되면 모든 손해는 회사가 감수해야 하는 결과가 된다. 이에 따라 아파트 건설의 위험성이 커지고 수익성이 나빠지는 결과가 초래하므로 아파트 건설이 보다 위축될 것이다.

또한 분양이 잘 될 만한 지역에는 건설비용의 낭비도 초래할 것이다. 인근 지역 아파트의 시세가 3.3㎡당 2,000만 원이라면 가격이 비싸도 잘 팔리는데, 힘들게 원가를 절감할 필요가 있겠는가.

예컨대 10%의 이익률을 허용한다면 원가가 1,000만 원이면 100만 원의 이익만 발생하고 원가가 1,200만 원이면 120만 원이 발생하게 된다. 고급자재를 사용하고 직원들 보너스도 넉넉히 주어 원가를 높이는 것이 여러 모로 유리하다. 기업에게 원가 절감을 의무화하여 손해를 보게 만드는 정책이 과연 합리적인가.

아파트 원가공개는 결국 가격 규제로 갈 것이 뻔한데, 일부러 사회적 갈등을 초래하면서 복잡하게 만들려고 하는 것인가. 차라리 바로 가격 규제나 원가연동제로 가는 것이 오히려 낫다고 본다.

다음으로 아파트가격을 규제하면 가격이 안정될 것인가? 단기적으로 심리적인 안정효과가 있으나 장기적인 안정 대책은 아니다. 아파트 가격이 안정되려면 공급이 늘어나거나 수요가 줄어들어야 한다.

물론 가격 규제를 하면 공급은 줄어들 것이다. 수요는 매매차익을 얻기 위한 가수요까지 더하여 더욱 늘어날 것이다. 이에 따라 수급 불균형이 중장기적으로 심화될 가능성이 크다.

과거의 실례를 보자. 가격 규제로 집값이 안정되지 않은 예를 알 수 있다.

1980~1990년 동안 아파트 수요의 급증으로 수백만 명이 주택청약예금에 가입해 신규 아파트를 분양받으려 하였다. 이에 정부는 신규 아파트가격 상승을 우려하여 신규 아파트 분양가격을 낮은 수준으로 통제했다. 정부는 20호 이상의 집단 주택 분양가격을 규제했다.

1980년도 1인당 GNI가 1,645달러였던 것이 1990년에는 6,147달러로 3.7배 늘었는데, 1980~1990년 10년 동안 주택재고 증가는 204만 호로 연평균 20만 호에 그쳤다. 그 결과 전국 주택보급률도 1980년의 71.2%에서 10년 후인 1990년에는 72.4%로 1.2% 포인트 늘어나는 데 불과하였다.

늘어나는 소득에 비해 아파트가격 규제로 주택공급이 부진하게 되자, 1987년부터 주택 매매가격과 전세가격이 폭등하기 시작하였다. 이

[표 5-1] 연도별 주택보급률 현황

	1980년	1990년	2000년	2004년
전국주택보급률	71.2%	72.4%	96.2%	102.2%
수도권보급률	60.2%	63.3%	86.1%	93.9%
서울보급률	56.1%	57.9%	77.4%	89.2%
1인당 GNI	1,645달러	6,147달러	1만 841달러	1만 4,162달러

	1981~1990년	1991~2000년
주택재고증가	203만 8,000호	411만 5,000호

러한 주택문제는 자살자가 속출하는 등 심각한 사회문제가 되었다.

주택은 단기간에 공급이나 수입도 불가능해 수요가 급증하면 대책이 어렵다. 1980년대 말 정부는 당장 주택공급은 되지 않더라도 심리적 안정을 위해 분당, 일산, 평촌 등 강력한 신도시 건설 대책을 내놓게 되었다. 그 이후 아파트가격 규제도 완화하고 준농림지 제도 등으로 택지 공급도 확대하는 등 공급 확대 대책을 강력히 추진하여, 1991~2000년에는 1980년대의 2배 수준인 412만 호의 주택이 공급되었다. 그러자 1990년대에는 지속적으로 집값이 안정되었다.

결국 주택가격 안정도 장기적으로는 공급의 확대가 필수적이란 점을 알 수 있다. 그러므로 공급을 위축시키는 아파트 원가공개나 가격 규제는 이점에서 득보다 실이 많다고 생각된다.

2008년 들어 아파트 재건축 붐은 1980년대 가격 규제로 인한 성냥갑 모양의 아파트에 비해 소득증대에 따른 고품질 주택 수요가 늘어난 것도 원인이라고 본다. 이미 분양가 원가공개와 가격 규제가 실시되어 갑자기 정책변경이 현실적으로는 어렵다. 그러나 시장기능에 충실히 규제를 완화해야 할 것이다.

수년 후 고품질 주택의 공급부족으로 가격상승이 재연될 가능성이 크다. 집값 안정을 위해서는 토지 공급을 늘리고 공공주택을 확대하며 일부 과도한 투기수요를 억제하는 등 시장원리에 충실한 대책이 근본적인 방법이라고 본다.

기존 주택자 재산세 중과는
점진적으로

최근 수도권의 아파트 가격 안정을 위해 중점적으로 추진하는 것이 재산세 중과이다. 특히 주택 가격이 6억 원을 넘으면 종합부동산세^{이하} ^{종부세} 대상이 되어 세금부담이 과거에 비해 몇 배 늘어났다. 재산세 중과는 납세자로서는 세금폭탄이라고 하며 반발이 클 수밖에 없었고, 2006년 5·31지방자치단체장선거 이후 여당도 재산세 중과가 선거 패배 요인이라고 인식해 6억 원 이하 주택에는 경감 조치를 취했다.

참여정부에서 종부세를 도입하고 실효세율을 단기간에 인상했지만 재산세 중과는 참여정부가 새삼스럽게 이야기한 것은 아니어서 1980년대 이후 역대 정부가 부동산 가격 안정대책과 소득재분배를 위해 재산세 중과를 주장했다.

다만 과거 정부는 정책 방향을 천명했으나 조세저항이 커서 정치적으로 별 도움이 될 것 같지 않아 강력히 추진하지 못했던 데 비해 참여정부는 과감히 추진했다. 기본적으로 재산세 중과는 과거 재산세 제도가 불합리한 점이 많았다는 점에서 필요한 조치라고 본다.

과거에는 주택가액을 기준으로 하지 않고 신축 주택 여부, 주택의 크기, 구조 등에 따라 과세함으로써 수도권 외곽의 주택 가격이 싼 집도 규모가 크면 서울시내의 가격이 비싼 아파트보다 재산세를 많이 내는 불합리한 점이 있었다. 또 그동안 재산세 수준이 너무 낮았다는 점도 개선의 이유였다. 과거에는 3~4억 원짜리 아파트의 재산세가 2,000만 원짜리 쏘나타 승용차의 자동차세보다 적었다. 재산세의 소득재분배 기능을 감안하면 재산세가 다른 세금에 비해 너무 적었다.

재산세는 낮은 것이 오랜 관행이었지만 논리적으로 볼 때 주택은 가격도 훨씬 비싸고 가격도 올라가는데 재산 증식도 안 되는 몇 천 만 원짜리 자동차보다 세금이 낮다니 맞지 않았다. 특히 세계적으로 토지가 좁은 우리나라는 토지를 집약적으로 이용하려면 토지 점유를 많이 하는 사람에게 부담을 강화할 필요가 있다.

재산세 인상은 큰 집과 고가 주택의 수요를 억제해 집값 안정에 기여할 것으로 본다. 실효세율이 1%일 때 20억 원짜리 아파트의 재산세가 연 2,000만 원인데, 이를 감당할 수요자가 그렇게 많을까. 결과적으로 집값도 소득이 감당할 수준으로 떨어질 수밖에 없다는 것이다. 이처럼 재산세 중과는 타당성이 있다. 그러나 6억 원 이상 주택의 재산세 중과는 보완할 점이 많다.

현실적으로 강남의 중대형 아파트 대부분이 6억 원을 넘어 종부세 대상이다. 이 경우 몇 년 사이에 세 부담이 몇 배에서 10배가량 늘게 된다.

집 소유자는 한 곳에 그냥 살고 있는데 어느 날 집값이 크게 오르고 재산세 제도가 바뀌어 세 부담이 몇 배나 늘었다. 이는 예측할 수도 대비할 수도 없는 변화로, 납세자로서는 감당하기 어려운 경우가 많을 것이다.

예를 들어 과거에는 재산세를 1년에 50만 원 내면 된다고 생각해 집을 사서 몇 년 살았는데 갑자기 500만 원을 내라면 당황스럽다. 부담능력이 없으면 팔고 이사하라고 할지 모르지만 과거에는 6억 원 이하에 1가구 1주택으로 양도세 대상이 아니었다. 그런데 가격이 올라 6억 원 이상이 되어 양도세 대상이 되다보니 양도세를 내고 나면 같은 수준의 집을 구하지 못하는 상황이 되어 이사하기도 어렵게 되었다. 그야말로 진퇴유곡이다.

따라서 중과되는 재산세는 신규 주택 구입자에게는 즉시 적용하되 과거부터 살던 주택 보유자에게는 적응 기회를 준다는 점에서 별도로 낮게 유지하며 점진적으로 인상할 필요가 있다. 새로 주택을 구입하는

[표 5-2] 주택 보유세 실효세율 추정

(단위: %)

	전체	재산세 대상	종부세 대상
2005년	0.20	0.19	0.58
2006년	0.27	0.21	0.65
2007년	0.28	0.21	0.71
2008년	0.32	0.24	0.80
2009년	0.36	0.28	0.89
2017년	0.61	0.54	1.04

출처: 재정경제부

사람은 재산세가 얼마인지 아니까 부담스러우면 사지 않게 되어 현실적으로 큰 문제는 없다고 본다.

기존 주택 보유자에게는 10년 동안 점진적으로 적용해 그동안 재산세가 부담스러우면 그 집을 팔고 다른 집으로 이사할 여유기간을 주어야 한다. 이와 유사한 제도를 미국 캘리포니아에서 실시하고 있다.

아울러 6억 원 이상이면 종부세 대상인데, 전반적인 부동산 가격 상승을 감안해 이를 상향 조정할 필요가 있다. 또 1가구 1주택 6억 원 이상의 경우 양도세 부담을 완화하거나 유예해 거래가 이루어질 수 있게 보완해야 한다.

토지 이용규제 완화로 가용 토지공급 확대

　　요즘 신규 아파트 가격이 오른 것은 비싼 택지비가 큰 원인이다. 신도시나 뉴타운의 예상 아파트 가격이 비싸게 된 원인은 토지 보상비가 비쌀뿐더러 쾌적한 주거환경 조성 명분으로 용적률을 낮게 하고 도로 등 기반시설 비용도 입주자가 부담하기 때문이다.

　　예컨대 분당은 1ha당 거주인원이 197명이었는데 판교는 95명으로 낮아졌다. 고분양가 논란을 낳은 은평 뉴타운은 쾌적성을 강조하느라 개발면적의 40%를 녹지로 조성하는 등 개발밀도를 낮춘 것이 고분양가의 원인이 되었다.

　　제조업이나 서비스업의 국제경쟁력이 떨어지는 것도 높은 토지 가격과 무관하지 않다. 농지 규제, 산지 규제, 수도권 규제 등으로 공장용지가 제한되다보니 공장용지 가격도 올라가 제조원가가 비싸지고 도심의 상가 임대료가 비싸니 음식값, 옷값 등이 비싸질 수밖에 없다.

　　이 같은 문제를 해결하려면 토지 공급을 획기적으로 늘려야 한다.

불행하게도 우리나라는 국토면적이 좁아 2005년 인구밀도가 1㎢당 485명으로 방글라데시 985명/㎢, 대만 632명/㎢에 이어 세계 3위다. 이같이 땅이 좁은 나라인데 그나마 2/3가 산지이고 각종 규제 등으로 실제 주택이나 공장용지로 사용하는 땅은 극히 일부다. 즉 전 국토의 65%가 임야고 논과 밭이 20%다. 주택용지는 전 국토의 2.5%이고 공장용지는 0.6%에 불과하다.

일본은 339명/㎢로 우리나라보다 인구밀도가 낮은데도 주택용지는 전 국토의 4.8%를 사용한다. 따라서 주택이나 공장용지 가격을 안정시키려면 쓸 수 있는 땅의 공급을 늘려야 한다.

이에는 두 가지 방안을 고려할 수 있다.

첫째, 산지나 농지를 주택이나 공장 용지로 쓸 수 있게 용도 규제를 완화하는 방안이다. 우리 국토의 85%가 산과 논, 밭이고 주택용지가 2.5%인데 전 국토의 1%를 주택용지로 추가 확대하면 2008년 현재 주택용지의 40%가 늘어나는 셈이다. 이미 쌀 생산 과잉으로 쌀 생산농가에 막대한 보조금까지 주는 상황이므로 농지도 신축적으로 용도 전환을 추진해야 한다.

새만금 간척사업이 완공되면 2억 8,050만 ㎡의 농지가 새로 생긴다. 새만금에서 생기는 농지만큼 수도권의 산지나 농지를 주택용지로 용도를 전환하면 기존 농지 규모는 그대로 유지하면서 수도권 택지는 40.4%가 늘고 전국적으로는 택지공급이 11.23% 이상 늘어난다. 이러면 택지가격이 대폭 인하되어 주택가격 안정에 크게 기여할 것이다.

둘째, 기존 주거지역이나 공장지역의 토지활용도를 높이는 방안이

[표 5-3] 주택용지 현황

	전체 주택 용지	서울(a)	인천(b)	경기도(c)	a+b+c	새만금
대지	7억 5,697만 평	6,541만 평	2,893만 평	1억 2,437만 평	2억 1,871만 평	8,500만 평
점유율	100.00%	8.64%	3.16%	15.90%	27.70%	11.23%

출처: 건설교통부, 농림부, 2006년

다. 예컨대 재개발·재건축 규제를 완화하고 기존 주거지역의 용적률을 높이는 방안을 들 수 있다. 용적률 100%를 150%로 조정하면 주택공급이 50% 늘어난다.

이 같은 시책 추진은 물론 간단하지 않으며 다음과 같은 문제에 대한 보완책을 마련해야 한다.

첫째, 용도변경에 따른 개발이익환수와 형평성 문제이다. 특정지역의 논밭이 주택용지로 바뀌면 땅값이 크게 올라 지주는 막대한 이익을 보고 부동산 투기도 초래될 것이다.

재건축 규제완화도 마찬가지다. 재건축 규제가 완화되면 대상 아파트 가격은 올라가고 집주인은 이익을 본다. 물론 개발이익을 지주에게 다 허용할 수는 없다. 개발이익을 모두 환수하면 개발이 안 될 것이고 지나치게 많이 허용하면 불로소득 증대와 형평성 문제가 생기므로 적정선에서 국민적 공감대를 형성해야 한다. 차제에 개발이익환수에 관한 제도를 전반적으로 재검토해야 한다.

또 용도규제 완화를 어떤 지역, 어떤 경우에 허용할지 기준을 명확하게 해 형평성 논란이 없게 해야 한다.

  최종찬의 新국가개조론

둘째, 난개발 우려다. 용인시가 준농림지에 아파트 건설을 허용한 결과 도로, 학교, 용수 등이 제대로 준비되지 않은 채 우후죽순으로 아파트가 들어서 도로, 학교 등 기반시설 부족 문제가 최근까지 지속되고 있다. 이 문제는 계획 수립을 전제로 하여 규제를 완화하는 방식으로 해결해야 한다.

일부 도시계획 전문가는 도심을 고밀도화하면 교통 혼잡 등 도시 주거환경의 질이 떨어진다고 우려한다. 물론 필요한 기반시설은 확충해야 하지만 쾌적한 환경 추구도 현실 여건과 조화를 이루어야 한다. 도심에 주택공급이 제한되니 도시 외곽에 주거단지를 조성하게 되어 출·퇴근 교통수요가 늘어나 공해문제로 주민 불편이 커진다. 이 경우 지하철 역세권을 중심으로 아파트 고밀도화를 허용하면 출퇴근 수요도 줄어 도심의 교통수요도 줄고 공해도 줄일 수 있다.

환경에 관심 있는 사람들은 산지, 농지를 주택용지 등 개발용지로 전환하는 데 거부감이 많은 것 같다. 물론 가능하면 자연환경을 보존하는 것이 옳다.

주택이나 공장, 상업용지 수요는 늘어나는데 이를 충족하려면 기존 지역을 고밀도화하거나 산지·논·밭을 개발할 수밖에 없다. 그도 안 되면 부동산 가격은 올라가고, 주거환경은 나빠지며, 물가는 올라 기업의 경쟁력은 떨어진다. 그 결과 우리 소득은 줄고 생활의 질도 나빠진다. 예를 들면 서민이 살기에는 '비싸지만 최고로 쾌적한 아파트'와 '서민이 살 수 있는 최고는 아니지만 현재보다 많이 쾌적해진 아파트'의 선택의 문제라고 본다.

[표 5-4] 지목별 국토이용 현황

(단위: %)

전 국토	밭	논	임야	택지	공장용지	도로
100.00	8.01	12.25	65.13	2.51	0.60	2.50

출처: 건설교통부, 2006년

우리나라의 도시적용도(주택, 도로, 공장, 상업용지 등) 지역은 외국에 비해 너무 적다. 우리나라는 5% 수준임에 비해 일본은 8%, 영국은 11%다. 가뜩이나 인구밀도가 높은데 토지활용도를 높여 토지비용을 낮추어야 한다.

따라서 전, 답, 임야 중 활용 가능한 땅은 택지·공장용지 등으로 사용할 수 있게 규제를 완화해야 한다. 이때 일부 지역의 규제를 완화하면 그 지역에 투기가 발생하므로 전국적으로 규제완화를 동시에 실시해 규제완화 지역의 지가 상승을 완화해야 한다. 아울러 적정한 개발이익환수 장치도 보완하고, 개발이익은 그린벨트 등 정부의 용도규제로 부당하게 손해 보는 계층의 손실보상에 사용해야 한다.

part 06

농촌문제 접근 방식 달라져야 한다

농어가 소득증대에 중점

FTA와 관련해 농어촌과 농업문제를 걱정하는 소리가 많다. 많은 경우 농어촌문제와 농업문제가 구분되지 않고 같은 것처럼 이야기된다. 이와 관련해 흔히 범하는 오해는 농업부문의 투자 또는 보호를 확대하지 않는 것은 농어촌이나 농가소득문제를 소홀히 하는 것으로 간주하고 반대로 농업부문 개발 확대는 농어촌 개발이나 농가소득문제를 걱정하는 것으로 생각하는 것이다.

농업용수 개발 등 농업투자 확대를 주장하는 부처나 전문가만이 농촌을 걱정하는 사람이고 농촌공업화를 주장하는 사람은 농촌을 걱정하지 않는 사람으로 생각한다. 농업개발은 농촌개발에 적어도 지장을 주지는 않는다고 생각하는 사람도 많다.

그러나 곰곰이 생각하면 농어촌개발과 농업개발은 엄격히 구분해야 한다. 농어촌개발과 농가소득증대를 위한 길은 여러 가지가 있다. 농촌에 환경친화적 공단을 만들 수도 있고 관광지를 개발하거나 농업

생산을 확대할 수도 있다. 대부분의 경우 농업개발이 농어촌 발전에 도움이 되나 때로는 두 가지 과제가 상충되기도 한다. 농지보전이라는 명분으로 농촌에 공장용지 공급을 제한하는 것은 농업개발 대책은 되지만 농촌개발과는 상충된다. 또 농지를 전용해서 공단을 만들고 도로를 만드는 것은 농업개발 면에서는 후퇴이지만 농촌개발 면에서는 바람직한 대책이다.

이렇게 보면 농업개발을 주장하는 사람은 모두 농촌을 걱정하는 사람으로 간주하는 고정관념도 바뀌어야 한다.

실제로 농공단지가 조성되면 취업기회가 늘고 도로 등 사회간접시설이 확충된다. 또 해당지역 지가가 상승하여 그 지역 사람들이 반긴다. 이 경우 농업기반이 축소되고 식량자급률이 저하된다고 농지전용을 반대한다면 이야말로 농촌개발을 저해한다고 볼 수 있다.

따라서 농지보전을 주장하는 사람만이 농민을 위하고 농촌공업화를 위한 농지전용을 주장하는 사람은 농촌을 망치는 사람으로 생각하는 편견은 시정해야 한다.

그러면 오늘날 농어촌개발, 농가소득증대, 농업개발과제가 상충되지 않을 때는 이들 과제를 동시에 추진하면 되지만 상충되는 경우에는 어느 것을 우선해야 할까. 필자 생각으로는 농어촌개발과 농가소득증대가 중요하다고 본다.

지금 문제는 농가소득이 도시에 비해 적고 부채가 많으며 농촌의 생활환경이 낙후되었다는 점이다. 다시 말하면 농촌이 도시에 비해 살기 나쁘다고 불평하지 식량자급률이 떨어진다고 불평하지는 않는다. 농업

보호가 미흡하다고 이야기하는 것은 그것이 농촌이 잘살지 못하는 원인이라고 생각해 거론하는 것이지 다른 방법으로 잘살 수 있는 길이 있으면 농업 자체를 위한다고 이야기하지는 않는다.

농업을 어떻게 할까 하는 것은 이 문제와 분리해 논의해야 한다. 최근 농촌개발과 농업개발이 혼용되는 이유는 일부 농업문제 전문가와 관계기관에서 농어촌문제를 농업문제와 같은 것으로 간주하기 때문이다.

우리나라는 대부분 농업문제 전문가가 농어촌문제 전문가이다. 따라서 농·어업전문가 시각에서 농어촌문제를 보려다보니 농어촌과 농·어업문제를 동일시하고 농·어업을 통해 농어촌문제를 해결하려고 한다. 그러나 두 가지는 별개이므로 구분해 논의하는 것이 문제 인식에 도움이 된다.

도시가계 수준의 농가소득

　현실적으로 가장 중요한 것은 농가소득증대다. 많은 사람이 농가소득증대를 위해서는 농외소득도 중요하지만 근본적으로는 농업소득이 획기적으로 증대되어야 한다고 생각한다. 향후 경제성장률 7%를 목표로 할 때 농업소득증대만으로 그만한 성장을 달성할 수 있을까. 농민으로서는 농외소득보다 농업소득증대가 바람직하다.

　정부도 농업소득증대를 위해 최대한 지원해야 한다. 개별농가에서는 품질개량 등으로 획기적인 농업소득증가가 가능하겠으나 전체 농가가 동시에 농업소득을 높이는 것이 가능한지 검토해야 한다. 농업소득이 오르려면, 첫째 국내 농산물 소비가 늘어나서 생산이 늘거나, 둘째 생산이 크게 안 늘면 가격이 크게 오르거나, 셋째 생산비가 대폭 절감되거나 가공 등으로 부가가치가 높아져야 한다.

　이제 그 가능성을 검토해보자.

국내농산물 소비 증대

이는 크게 기대하기는 어렵다. 농업기반 투자를 확대하면 생산이 늘어나 농가소득이 늘어날 것이라는 경향이 있는데, 향후 전망을 보면 생산이 늘더라도 소비가 뒷받침되지 않아 농업소득이 크게 늘기 어려울 것이다. 농산물 소비는 공산품 등에 비해 소득탄력성이 낮아 인구증가율을 크게 넘지 못한다.

과거에는 인구증가율도 높고 가난해서 제대로 못 먹었으므로 소득 증가에 따라 농산물 소비도 크게 늘어났다. 그러나 최근 소득증대로 양적인 면에서 먹는 문제는 대부분 해결되었으므로 질적으로 고급화되는 소비구조의 변화가 일어나고 있다.

쌀을 예로 들자. 쌀은 아직도 농가의 중요 소득원으로 2006년 농업소득 중 쌀 소득 비중이 38.1%이다. 그런데 쌀 소비가 줄고 있다. 인구증가율도 급격히 떨어지고 1인당 소비량도 줄고 있다. 1인당 쌀 소비량은 1970년 136.4kg에서 1990년 119.6kg, 2006년에는 80.7kg으로 줄었다. 일본, 대만도 쌀 소비량이 급격히 줄어든 것은 우리나라와 비슷하다. 3국 모두 쌀 생산 과잉으로 고민하는 형편이다. 개방 확대로 현재 국내소비량의 4%인 수입쌀 비중이 앞으로는 9%까지 확대될 전망이다.

쌀 소비가 줄면 축산물, 수산물, 과일, 채소 소비가 늘어나니 문제없는 것 아니냐고 반론할 수 있다. 물론 소비구조가 그렇게 변하고 있다. 그러나 구조적으로 소비가 늘어나기는 어렵다. 개방화로 우리나라 농산물 가격이 외국 농산물보다 2~5배 비싼데다 식품 소비구조가 바뀌어도 수입농산물이 늘어나 국내농산물 소비가 크게 늘기는 어렵다. 농산물 수출도 가격경쟁력이 낮아서 일부 품목 이외에는 크게 기대하기 어렵다. 즉 인구증가 정체, 개방화로 국내농산물 소비 증가는 한계가 있다.

농산물 가격 인상

우리나라 농산물 가격은 세계적으로 비싼데, 더 올리면 소비자 부담이 가중된다. 현재 국내생산 농산물은 대부분 국제가격보다 2~5배 이상 비싸다.

WTO체제에서 국내농산물의 가격 지지는 점점 어려워진다. 또 소비자의 의식 변화와 부담을 감안할 때 국제가격에 비해 국내농산물 가격을 계속 인상하기 쉽지 않을 전망이다. 쌀의 가격 지지는 불가능하며 농가에 대한 직접적인 소득지원만 가능하다. 1990년대 초 WTO협정 이후 일본, 대만은 쌀값을 동결 또는 인하한 반면 우리나라만 인상한 결과 가격 차이는 더욱 커졌다.

농산물 생산비 인하

이를 위해서는 중간투입재인 비료 · 농기계 · 농약가격이 인하되고 생산기술이 향상되어야 한다. 물론 비료 등 중간투입재 산업의 생산성 향상으로 가격인하 가능성이 없지 않지만 우리 농업의 규모의 경제가 크지 않음을 감안하면 이미 그동안 생산비 절감을 많이 했으므로 추가로 가격인하를 기대하기는 어렵다. 또 품목별로 재배기술 향상, 생산성 향상도 계속되겠지만 그것만으로는 획기적인 생산비 절감을 기대하기 어렵다.

이처럼 농업소득을 획기적으로 높이기는 어렵다는 현실을 직시해야 한다. 물론 농가에 따라서는 유기농법을 하거나 고품질 농작물을 개발해 소득을 올릴 여지는 있다. 그러나 모든 농가가 그렇게 하기는 현실적으로 어렵다. 따라서 농업외 소득원의 적극적 개발이 불가피하다.

일부 농가의 성공과 전체 농업문제 해결은 다름을 인지해야 한다. 경제학에 '구성의 오류' •라는 말이 있다. 그동안 경제정책에서 구성의 오류를 범하는 예가 적지 않았다.

실례를 들면 1980년 초 농림부 장관은 강원도 지사를 한 분이었는데, 지사 시절 경지가 적은 강원도의 특성을 살려 소 비육사업을 권장해 농가소득증대에 크게 성공했다.

농림부 장관이 된 그는 복합영농이라는 이름으로 소 사육을 대대적으로 권장하고 소 구입자금 지원도 확대했다. 소 사육 붐이 조성되어 전국의 송아지 가격이 상승함에 따라 송아지 가격 안정을 위해 외국에서 송아지를 수입하게 되었다. 그 결과 소 사육 두 수가 급격하게 늘었다. 그러나 쇠고기 소비는 그대로니 쇠고기와 소 가격은 폭락했다. 따

● **구성의 오류** Fallacy of Composition 부분적으로 성립해도 전체적으로는 성립하지 않을 수 있다. 그럼에도 부분적으로 성립하면 전체적으로도 성립한다고 추론함에 따라 발생하는 오류를 일컫는다. 예를 들면 어떤 농부가 배추를 잘 재배하여 수확량을 늘리면 소득이 증대한다. 그러나 모든 농부가 배추 재배에 집중하여 배추 생산이 늘어나면 배추 가격은 폭락하고 오히려 농가소득은 감소한다.

라서 전국의 소 사육 농가는 손해를 보고 소 구입 자금을 상환할 길이 없어 심각한 농촌문제가 되었다.

이런 예는 소 파동뿐만 아니라 농업에서는 심심찮게 발생한다. 어느 지역에서 유리온실로 어떤 작물을 재배해 돈을 벌었다 하면 너도나도 유리온실을 지어 결국 공급과잉으로 많은 사람이 피해를 보는 경우가 생긴다.

요즘 농촌에 새로운 희망을 불어넣자는 의도에서 유기농 등 특정사례를 소개하는 경우가 많은데, 그 영향을 잘 살펴보아야 한다. 그런 아이디어가 좋은 농촌문제 해결책이 되려면 많은 사람이 그런 분야에 참여해도 수급에 문제가 없을지 생각해보아야 한다.

우리 농업은 대부분 가격 면에서 국제경쟁력이 없고 시장도 크지 않아 생산량이 조금만 늘어도 가격이 떨어지기 쉽다. 새로운 시도는 권장해야 하지만 부분의 성공과 전체의 성공은 반드시 일치하지 않음을 명심해 과거 실패 사례가 반복되지 않게 유의해야 한다.

외국 농가도 농외소득이 주수입원

호당 경지면적이 1.4ha에 불과한 우리나라 농가는 설명한 바와 같이 농업소득만으로 농가소득을 높이는 데는 한계가 있다. 우리나라뿐만 아니라 선진국도 농가 지원문제가 항상 정치적 쟁점이다. 이는 도하개발아젠다^{DDA} 협상에서도 큰 쟁점이다. EU에서도 농업보조금이 회원국 사이에 쟁점이다.

미국, 프랑스, 오스트레일리아, 아르헨티나 등 호당 경지면적이 큰 나라 외에 우리나라같이 농지면적이 좁은 나라는 농가소득에서 농업소득 비중이 크지 않다. 소득은 대부분 농외소득에서 나온다. 이는 우리뿐만 아니라 외국에서도 농업소득만으로는 농가가 소득을 올리는 데는 한계가 있음을 의미한다.

농외소득 비율을 외국과 비교하면 2003년 일본 85.7%, 대만 79.6%에 비해 우리나라는(2004년) 58.4%로 훨씬 낮다. 우리의 농업 여건이 이들 나라보다 나쁜 데 비해 농업소득 의존도는 훨씬 크므로 농외소득 증대에 역점을 두어야 함을 알 수 있다. 그러나 우리 현실은 농가소득에서 쌀의 비중이 확대되어왔다. 1992년 쌀 개방이 결정된 이후 상식적으로 보아도 쌀의 소득비중을 줄여야 하는데도 쌀값 지지 등으로 농업소득 중 쌀 소득의 비중은 별로 줄지 않았다.

2008년 최근의 쌀 개방 확대는 1990년 초에 이미 예고되었는데 쌀 소득 의존도를 높임으로써 쌀 개방 충격을 더 크게 만들었다. 쌀의 소득의존도를 줄이고 농업외 소득원 개발을 확대했어야 한다.

접근 방식을 달리해야 하는 농가소득문제

그동안 농업 위주 대책

미국과 FTA 협상이 타결되면서 쇠고기 등 농축산물 개방이 확대됨에 따라 농민의 피해가 예상된다. 소득이 줄어들 것이 예상되는 농민의 반발은 당연하다.

문민정부 시절 쌀 개방 이후 농가대책으로 42조 원 규모의 농어촌 종합대책과 별도로 10년간 15억 원의 농어촌특별세를 신설해 농어업 구조개선과 소득증대시책을 추진했다. 이들 대책은 농업개방 확대 추세에 대비해 농가소득을 안정적으로 유지하기 위한 것이었다. 그러나 시책을 추진한 지 10여 년이 지난 오늘날 농가소득은 정체되고 구조 면에서도 여전히 농업소득에 의존하며 쌀 의존도가 높다.

농가가 부채를 갚지 못해 보증기관이 대신 갚아준 돈이 2008년 현재 1조 원을 넘어섰다. 2006년 농가부채는 가구당 2,816만 원으로

1992년 대비 5배나 늘어나 그동안 2.2배 늘어난 농가소득보다 2배 이상 빠르게 늘었다.

그동안 막대한 돈을 농어촌에 투입했음에도 농가소득은 왜 안정적으로 늘지 않았는가.

바로 농어촌대책 접근방법에 문제가 있었다. 즉 농가소득 문제를 대부분 농업을 통해서 해결하려는 데 잘못이 있었다. 농가소득을 증대하고 농어촌을 잘살게 하려면 농업소득증대가 가장 중요한 과제다. 그러나 우리의 농업 여건은 좁은 경지면적, 비싼 임금 등으로 외국보다 매우 불리해서 농업소득증대는 한계가 있다. 그러면 농촌에 공장 유치, 관광 등 서비스산업 개발 같은 다른 방안을 적극 추진해야 하는데 이들 방법보다는 주로 농업대책에만 치중했다.

상식적으로 농가소득이나 농어촌문제의 주무부서는 농수산식품부다. 따라서 농어촌대책 추진도 농수산식품부 몫이다. 그런데 농수산식품부는 농업정책을 담당하는 부서이므로 그밖에 농촌공업화, 환경개선 등에는 관심과 권한이 없다. 따라서 농수산식품부가 주도하는 농어촌대책은 효과가 있건 없건 농업대책 위주일 수밖에 없다.

농수산식품부 토론과정에서 농업소득이 한계가 있으므로 농공단지 활성화가 좋겠다는 의견이 나왔더라도 채택될 리 없다. 농공단지는 지식경제부 업무이므로 지식경제부 예산과 기능이 커져 상대적으로 농업예산이나 농수산식품부 기능이 축소될지 모르기 때문이다. 따라서 농수산식품부 업무소관 이외의 대책은 소홀히 할 가능성이 크다. 실제로 농외소득 증대 시책 중 농수산식품부 소관으로 할 수 있는 관광농업 등의 시책은 많이 추진되었다. 그러나 핵심적인 농외소득 시책인 농촌에 공장을 유치하는 농공단지 시책은 정책적 관심이나 지원이 거의 없다.

농공단지 시책은 주무부서가 지식경제부이므로 농수산식품부는 농촌대책에서 역점을 두지 않았다.

지식경제부도 농공단지 육성시책에 관심이 없다. 지식경제부 장관은 수출진흥, 중소기업 지원, 벤처기업 지원 등에 관심이 있지 농가소득에 관심을 둘 이유가 없다. 지식경제부 예산규모는 제한되어 있는데, 농공단지에 관심을 두어 예산을 증대하면 중소기업 등의 예산이 줄거나 영향을 받기 때문에 자기 일 제쳐놓고 농수산식품부가 책임질 일에 앞장설 이유가 없는 것이다.

열심히 지원해도 농촌에 공장 유치가 쉽지 않은데 서자^{庶子} 취급하면서 관심도 적은 시책이 제대로 효과를 발휘하기는 어렵다.

기획예산처 차관 시절 농공단지 지원시책이 너무 소홀한 것 같아 당시 산자부 담당국에 예산 지원을 늘려준다며 좀더 적극적인 정책 강구를 요청한 적이 있다. 며칠 뒤 담당국장은 예산 여유가 있으면 농공단지 예산보다 중소기업이나 벤처예산을 늘려달라고 했다.

2005년 말 현재 전국에 농공단지가 336개 있는데 입주업체에 시설 또는 운전자금으로 빌려주는 융자금 규모가 2001년 530억 원에서 2006년 93억 원으로 줄었다. 농공단지 1개당 1억 원이 안 되는 금액이다. 논농업 직불제 예산 1조 5,000억 원과 비교할 수는 없더라도 너무 미비한 수준이다.

여기서 농수산식품부나 지식경제부 담당자가 잘못했다고 지적하려는 것이 아니라 농어촌대책 시스템이 잘못되었음을 지적하는 것이다. 농수산식품부 공무원이 자기 예산 줄어들 것을 걱정하는 일이나 지식경제부 공무원이 생색도 전혀 나지 않는 농공단지 업무에 관심이 적은 것을 비난만 할 수는 없다. 시스템이 문제다.

기획재정부에서 농어촌대책 종합조정

추가적인 농산물 개방에 대비해 정부는 농어촌에 119조 원을 투입하겠다고 약속한 바 있다. 그러나 과거와 같이 농수산식품부가 주도하는 농업위주의 접근방식으로는 농가소득문제는 풀리지 않는다. 농업의 구조개선과 농업소득증대에 역점을 두어야 하지만, 그것만으로는 한계가 있으므로 농외소득 증대시책 등도 강력히 추진해야 한다.

이런 문제를 개선하기 위해서는 농어촌 종합대책의 종합조정을 기획재정부가 맡아야 한다. 그래야 부처의 이해관계를 떠나 문제를 근본적으로 풀 수 있다. 기획재정부에 특별대책반을 구성해 농촌에 농업뿐만 아니라 공장유치, 관광개발, 생활여건개선, 인프라 확충 등을 종합적으로 검토해야 한다.

식량안보 강화방안

2008년 원유가격이 배럴당 100달러를 넘어서면서 옥수수, 콩, 밀, 쌀 등 국제 곡물가격도 2~3배씩 급상승하고 있다.

국제 곡물가격 상승요인은 첫째, 원유가격의 상승으로 미국 등에서 보조금을 지급하면서 옥수수 등을 연료용으로 사용하여 식량용 공급이 줄어들었다. 둘째, 중국 15억 명, 인도 10억 명 등이 소득증가에 따라 곡물소비가 급증하였다. 곡물의 직접소비도 늘었을 뿐만 아니라 쇠고기, 돼지고기, 유유, 치즈 등 육류, 낙농제품의 소비가 늘어났다. 육류, 낙농제품의 소비증가는 사료의 수요를 증가시키고 있다. 육류 1kg 생산에는 5kg 이상의 사료곡물이 필요하다.

이밖에 식량안보에 위기의식을 느낀 수출국의 수출제한과 유통 상의 문제도 복합적으로 작용하고 있다.

다시 말해 곡물수요가 급증하여 가격이 상승하였으므로 앞으로 공급능력이 확충되더라도 종전과 같은 수준으로 떨어지기는 어려울 것이다.

실제로 수십 년 동안 국제 곡물가격은 안정세를 유지하여 세계적으로 새로운 경작지 개발이나 품종 개량이 거의 이루어지지 않았다. 앞으로 공급 면에서 경지면적의 증가, 품종개량 등이 활발히 이루어질 것이나 실제 공급증가 효과가 나타나기에는 10여 년 이상 걸릴 것으로 전망된다. 이와 같은 곡물수급 여건변화에 대응하여 우리나라도 안정적 식량확보 노력을 강화해야 할 것이다.

안정적 식량확보 방법에는, 첫째 국내에 가급적 많은 경작지를 확보해 식량 자급률을 높이는 방법, 둘째 해외에 농지를 확보하거나 장기공급 계약 등을 통해 안정적 공급원을 확보하는 방법이 있다.

두 가지 방법 중 후자가 국가적으로 더 바람직하다고 생각한다. 우리나라는 국토가 좁아 토지가격이 세계적으로 비싼 나라다. 국내에서 자급률을 높이려 할 경우 생산비가 비싸므로 외국에서 농지를 확보하여 개발·수입하거나 장기계약 등이 훨씬 더 경제적일 것이다. 식량안보는 중요하지만 경제성이 높은 방향으로 대책을 추진해야 할 것이다.

part 07

정치도
선진화해야 한다

중·대선거구제 도입의 필요성

2007년 대통령선거에서도 지역주의는 여전했다. 영남이든 호남이든 진보적인 사람과 보수적인 사람은 비교적 골고루 분포되어 있다고 본다. 그러나 실제 선거에서는 특정 후보의 정치 성향은 별 고려 사항이 못되고 누가 우리 지역의 이익을 대변해줄지에 관심이 집중된다.

2002년 대통령선거에서 호남의 보수적인 사람도 보수적인 이회창 후보보다 노무현 후보가 자기들 이익을 지켜줄 것이라고 생각해 노무현 후보를 지지했다. 같은 이유로 지지비율은 차이가 있지만 영남의 진보적인 사람들은 노무현 후보 대신 이회창 후보를 지지했다. 2007년 선거에서도 영남은 이명박 후보를, 호남은 정동영 후보를 압도적으로 지지했다. 이 같은 현상은 오랫동안 영남 득세와 호남 소외에서 비롯된 고질병이다.

지역주의는 국회의원과 지자체 선거에서도 여전했다. 한나라당은 영남에서, 과거 열린우리당과 민주당은 호남에서 사실상 싹쓸이했다.

지역주의의 폐해를 장황하게 설명할 필요는 없다.

우선, 영남이나 호남의 지역기반 없이는 아무리 유능한 인재라도 대통령이 될 수 없는 것이 현실이 되었다. 대통령 후보가 되려는 사람은 두 지역을 대변하는 정당의 공천을 받아야 한다. 암묵적으로 앞으로 내가 대통령이 되면 특정지역의 이익을 위해 최선을 다하겠다는 충성서약을 해야 한다. 그렇지 않으면 대통령 후보가 될 수 없을 것이다.

정책 비전이나 정치 철학보다 특정지역 주민의 지지가 중요하다. 특정지역의 압도적 지지로 당선되면 당연히 그 지역에 보은하지 않을 수 없다.

대통령을 지지한 지역의 사람이 공무원이나 공기업 등 공공기관 인사에서 득세한다. 그들의 영향력으로 정부예산 배정에서도 혜택을 보고 관련 민간기업도 간접적으로 덕을 본다. 정권 획득에 기여하지 못한 기타 지역 사람의 소외감은 커지고 다음 선거에서는 우리가 지지하는 후보자를 당선시켜야겠다는 생각을 하게 된다. 즉 지역감정의 골은 점점 깊어진다. 지역주의는 국회의원, 지자체 선거에서도 폐해를 드러낸다.

지역에 따라 특정정당이 국회의원과 지자체장, 의원을 사실상 싹쓸이한다. 현 지역주의 구도에서는 유능한 인재가 국회의원이나 지자체에 진출하기 어렵다. 주민의 선택을 받기 전에 그 지역을 대표하는 당의 공천을 받아야 한다. '당의 공천=당선' 이므로 공천 경쟁이 과열되고 공천심사가 부패할 수밖에 없다. 국민은 지역주의의 볼모가 되어 무능하고 부패한 인사를 선출하는 잘못을 범하기도 한다.

현행 국회의원 소선구제는 지역주의를 심화한다. 자기 지역의 이익을 지키기 위해서는 그 지역을 대표하는 정당을 지지할 수밖에 없다. 그러다보니 지역에 따라 특정 정당이 국회의원을 독차지한다. 예컨대 2008년 현재 이명박 정부에서는 호남지역에는 지역구 여당 국회의원은 없다. 행정부 견제와 비판이 정당과 국회의원의 기능인데, 당·정 협의 등을 해보면 호남은 여당의원이 거의 없으니 제대로 관심이 가기 어렵다. 즉 여당 국회의원이 특정지역 출신으로 집중되어 있으니 각종 인사나 정부정책이 특정지역 위주로 되기 쉽다.

지역구 의원이 자기 지역의 이익을 챙기는 것은 현실적으로 불가피하다. 그러므로 특정정당의 국회의원이 특정지역에 집중되면 그 정당은 그 지역의 이익을 집중적으로 챙길 수밖에 없어 지역주의는 심화된다.

현행 국회의원 소선거구제에서는 이 같은 문제점을 극복할 수 없다. 따라서 지역구를 광역화해 2~5인을 선출하는 중·대선거구제를 도입해야 한다. 대도시는 한 선거구에서 여러 명을 선출하면 다양한 정당의 후보자가 당선될 수 있다. 즉 대구에서 통합신당 후보가 당선되고 광주에서 한나라당 후보가 당선될 수 있다. 이렇게 되면 특정지역 위주의 지역주의는 많이 완화된다.

또 중·대선거구제는 국민의 다양한 의사를 반영하는데도 장점이 있다. 즉 보수적인 주민이 2/3이고 진보적이 주민이 1/3일 때 현행제도에서는 보수적인 인사만 당선되지만 3인선거구에서는 보수적 인사 2명과 진보적 인사 1명이 당선되어 국민의 다양한 의사가 반영될 수 있다.

기초자치단체장, 기초의원의 정당공천제 폐지

2006년 5월 31일 지방자치단체 선거 결과를 보면 지역에 따라 정당별 격차가 심한 것을 알 수 있다. 여당인 열린우리당이 인기가 없다보니 호남을 제외한 대부분 지역에서 한나라당 후보가 우세를 보였다. 예컨대 시장, 군수는 경남·북 전체 43명 중 한나라당이 33명 당선되고 열린우리당은 2명인 반면 전남·북은 전체 36명 중 열린우리당이 9명, 민주당이 15명이고 한나라당은 한 명도 없다. 이런 선거 결과를 어떻게 해석해야 할까.

유권자는 투표할 때 정당 지지와 후보자 평가를 함께 고려한다. 두 가지 요인의 결론이 같으면 문제 없으나 다른 경우 어떤 요인을 더 우선하느냐가 문제된다. 대통령은 정당의 정강·정책이 후보자의 공약과 같으므로 별 문제가 없다. 국회의원은 후보자 능력이 중요한 고려 요소이나 주요 임무가 국회를 중심으로 정책 결정에 관여하는 것이므로 그의 소속 정당의 정강·정책이 유권자에게는 중요하다.

광역시장, 도지사는 국회의원만큼은 아니더라도 행정에 후보자 소속 정당의 정강·정책의 영향을 받으므로 소속 정당 표시가 의미 있다고 생각한다. 그러나 시·군·구 등 기초자치단체는 대부분 주민의 일상생활과 관련 있는 일을 하므로 정당 차원의 정책과는 연관성이 별로 없다. 시장, 군수 선거에서 국가보안법, 세제개편 등의 정책이 무슨 쟁점이 되는가. 그런데 현행법은 기초자치단체에도 정당공천제를 도입함으로써 많은 문제점을 드러냈다.

첫째, 정당공천제도를 도입함으로써 유능한 인재를 선발하지 못하는 문제가 발생한다.

예컨대 여당후보 A와 야당후보 B의 경우 후보자 본인은 A가 더 우수한데도 A를 투표할 경우 여당의 정책이 국민의 지지를 받는다고 오판할 가능성이 있으므로 집권 여당에 경고의 뜻을 전하기 위해 B에 투표하는 경우가 많은 것이 현실이다.

실제 5·31선거에서 당선된 한나라당 후보가 모두 가장 유능하다고 생각해 뽑은 것은 아니다. 지방자치단체 선거는 정부, 여당 심판이었다. 즉 지방자치단체 선거가 내 고장 살림을 맡은 공직자를 뽑는 것이 아니라 대통령과 여당의 중간평가 구실을 한 셈이다. 그런 기능은 광역자치단체인 광역시장과 도지사 선거 등으로 충분하다고 본다.

둘째, 정당공천이 과열되어 비리 소지가 있다. 정당공천만 잘 받으면 당선되는 현실에서 정당공천이 실제 선거보다 더 과열될 것은 뻔하다. 지역주민을 상대로 선거운동을 하는 것이 아니라 공천권을 쥔 당내 유력인사를 상대로 선거운동을 하는 것이 현실이다. 따라서 선거운동

[표 7-1] 2006년 5 · 31선거 지역별 정당 점유율

(단위: %)

시 · 도지사	열린우리당	한나라당	민주당	기타	계
서울		1			1
부산		1			1
대구		1			1
인천		1			1
광주			1		1
대전		1			1
울산		1			1
경기		1			1
강원		1			1
충북		1			1
충남		1			1
전북	1				1
전남			1		1
경북		1			1
경남		1			1
제주				1	1
계	1	12	2	1	16

시 · 군 · 구 장	열린우리당	한나라당	민주당	기타	계
서울		25			25
부산		15		1	16
대구		8			8
인천		9		1	10
광주			5		5
대전		5			5
울산		4		1	5
경기	1	27		3	31
강원		18			18
충북	4	5		3	12
충남	3	6		7	16
전북	4		5		14
전남	5		10		22
경북		19			23
경남	2	14			20
계	19	155	20	36	230

출처: 중앙선거관리위원회, 2006년

에 사용할 돈을 공천 경쟁에 사용한다.

과거에는 기초자치단체의 경우 정당공천제가 없었는데 2005년 관련 법 개정으로 정당공천제가 도입되었다.

지역에 따라 지역구 국회의원과 그 지역 시장·군수 사이에 마찰이 있다고 한다. 국회의원은 시장·군수보다 우월한 지위라고 생각하는데 그들이 자신을 대우해주지 않는다고 불만스러워한다. 또 나중에 국회의원 선거에서 경쟁자가 될 수도 있다는 생각에 그들을 견제하는 것은 인지상정이다. 일부에서는 그런 생각에서 정당공천제가 도입된 것이라고 주장한다.

결론적으로 정당의 정강·정책이 큰 의미가 없는 기초자치단체에서 유능한 인재를 뽑고 공천 과정의 비리를 없애기 위해서는 정당공천제 폐지가 바람직하다.

획기적인 국회운영 방안

국회의 기능은 민의를 대변해 행정부의 잘못된 점을 견제하는 데 있다. 그러나 우리 국회는 다른 기관보다 국민의 신뢰가 그리 크지 않다. 각종 여론조사에서 국회의원의 신뢰도는 하위권이고 국회는 비능률적이고 비생산적인 기관으로 알려졌다.

실제로 오랫동안 국회를 드나들며 느낀 것은 국회의 일처리가 매우

[표 7-2] 제17대 국회 1년 평점

내 용		
17대 국회가 이전 국회보다 나빠졌거나 비슷하다		83.4%
17대 국회가 못한 점 (중복응답)	빈번한 국회 공전과 파행	38.8%
	욕설, 몸싸움 등 구태 반복	36.1%
17대 국회가 나아진 점 (중복응답)	여성의원 수의 증가	45.5%
	세대교체	38.7%

출처: KBS

비효율적이라는 점이다. 회의가 시작되면 수많은 행정부 공무원이 장·차관의 답변을 보좌하기 위해 국회로 출근한다. 그러다보니 민원 업무 등이 지연되기 일쑤다. 국회운영을 조금만 신경 쓰면 개선할 수 있는데 국회의 권위의식 때문인지 비효율적인 행태가 지속되고 있다. 경험으로 느낀 국회운영 개선 방안을 몇 가지 제시한다.

명확한 의제 선택으로 효율성 확보

상임위원회별로 약간 차이는 있으나 관련 부처의 전체 업무에 대해 정책질의를 하는 경우가 많다. 이때는 대개 그 부처의 간부와 산하기관 장까지 참석한다. 예컨대 국토해양부는 장·차관과 본부 국장급 이상 간부와 철도공사, 주택공사, 토지공사, 수자원공사 사장 등이 모두 출석한다. 의원이 무슨 질문을 할지 모르기 때문에 모두 출석한다는 취지이다.

하지만 실제로 그때그때 사회적 관심사인 정책이나 사건에 질문이 집중되어 많은 사람이 하루 종일 기다리다가 그냥 돌아간다. 이는 토의 분야를 사전에 오전, 오후로 세분하고 답변이 특별히 필요한 기관은 출석을 요구하면 개선할 수 있다. 예컨대 오전에는 금융정책, 오후에는 재정정책 등으로 세분하면 공무원이 대기할 일이 줄어든다. 이렇게 되면 정책논의도 심도 있게 할 수 있다. 현재는 해당 부처 소관 정책질의를 제한 없이 하다보니 초점 없이 죽 나열하기 일쑤다.

기획재정부 장관을 상대로 질문하는데 경기활성화 대책, 저출산 인구고령화 대책, 중소기업대책, 북한경협대책, FTA대책 등을 의원 취향에 따라 번갈아 질문한다. 과제 하나하나가 하루 종일 토론할 사안인데도 몇 분 안에 간단히 답변하는 것이 보통이다. 물론 국민의 관심사가 어디에 있는지 알기 위해 의제를 제한하지 말고 광범위하게 질문할 수 있는 회의도 필요하다. 하지만 일반적인 회의 운영은 분야별로 사전에 의제를 명확히 해야만 행정부 공무원이 국회에서 대기하는 일도 없고 정책질의의 효과도 높아질 것이다.

중요과제에 미 의회식 청문회제도 활성화

우리도 청문회제도가 있으나 자주 이용하지 않는 것 같다. 예를 들면 세제개혁에 관해 청문회를 한다면 기획재정부 세제실장, 한국개발연구원장, 민간경제연구소장, 기업계 대표 등을 불러 정부의 문제인식과 정책 방향이 옳은지 심도 있게 토론할 수 있다. 중요 쟁점이나 정책과제는 텔레비전, 라디오, 인터넷 등으로 중계해 국민도 참여하게 한다.

2008년 현재의 상임위 정책 질의와 다른 점은 주제를 특정과제로 한정하고(예, 조세개혁), 장·차관보다 실무 책임자를 부르며, 다양한 민간 전문가를 참여시키는 것이다. 이렇게 하면 국회의원도 공부해 전문적인 식견을 갖추어야 하고 토론도 현재처럼 수박 겉핥기가 아니라 깊이 있게 될 것이다.

지금은 짧은 시간에 여러 가지 질문에 답변하느라 우물우물하고 넘어갈 수 있지만 이렇게 되면 대충 지나가기가 어려울 것이다.

민주화 이후 정부시책 등과 관련해 이해관계자 사이에 갈등이 많다. 이는 국민의 대표인 국회가 여론을 수렴하고 국론을 합리적인 방향으

로 유도하는 일을 제대로 하지 못했기 때문이다. 예를 들어 경부고속철
도 천성산 구간의 공사를 둘러싼 일부 환경단체의 반대, 방사성 폐기물
처리장 갈등 등에서 국회가 각계 전문가 토론 등을 통해 갈등 해소에 역
할을 해야 하는데 제대로 못한 것 같다.

심도 있는 청문회제도를 활성화함으로써 현안 쟁점 토론과 설득에
의한 국민적 공감대 형성에 국회가 소임을 다해야 한다.

예산을 볼모로 한 정쟁은 예산심의 권한 포기

정치적 쟁점이 있는 경우 야당이 예산을 볼모로 삼아 심의 확정을
지연하는 경우가 많다. 헌법에 따르면 예산안은 12월 2일까지 심의하
도록 되어 있으나 최근에는 제대로 지켜진 경우가 거의 없다. 새해 예
산안 확정이 늦어지면 정부운영을 책임진 여당이 국민의 비난을 받을
것이라고 생각해 야당이 그런 전술을 쓴다. 하지만 야당이 아무리 지
연전술을 퍼더라도 12월 31일을 넘기기에는 현실적으로 부담이 너무
크다.

실제로 예산안 통과가 연말을 넘긴 적은 한 번도 없다. 따라서 야당
이 예산심의를 거부하더라도 행정부는 크게 불편할 이유가 없다. 예산
배정 등의 후속작업에 시간이 촉박한 것 외에 큰 문제가 없다. 예산심
의를 거부하면 나중에는 정부 원안대로 통과될 가능성이 커지고 오히
려 예산안 심의만 부실해져 국민만 손해를 본다. 실효성 없는 예산심의
지연은 삼가야 한다.

part 08

국민의식과 기타 제도개혁 과제

근무시스템을 조기출퇴근으로 바꾸자

사회의 효율성은 사회시스템과 밀접히 관련되어 있다. 어느 나라가 더 합리적인 시스템을 갖고 있느냐에 따라 경쟁력이 좌우된다고 볼 수 있다.

우리나라는 관공서나 대부분의 회사가 9시 출근, 6시 퇴근 형태로 일한다. 서머타임 도입을 포함하여 출퇴근을 1시간 정도 당겨 조기출퇴근하면 돈 한 푼 안들이고 사회 전체적으로 효율성도 높이고 생활의 질도 높일 수 있다고 생각한다. 현재의 9~6시 근무시스템은 여유시간이 근무시간 전후로 분산되어 효율적으로 사용하기 어렵다. 일부 부지런한 사람은 아침 시간을 효율적으로 사용한다. 하지만 대부분 출근시간에 늦지 않아야 하므로 아침시간을 제대로 활용하지 못한 채 보낸다.

또 퇴근 후에는 생리적으로도 배가 고플 때가 되어 저녁 약속을 하거나 술 한 잔 하고 싶은 유혹을 받게 된다. 실제로 9~6시 근무 형태에서는 오전 근무시간은 3시간인데 오후 근무시간은 점심시간 1시간 빼더라도 5시간이다. 특히 겨울철에는 퇴근 시간이면 밤이 되어 저녁 약속을 많이 하게 된다.

이미 고임금 사회가 된 우리나라는 고부가가치 지식사회를 이룩해야 하는데 그러려면 국민이 평생교육 등을 통해 자기발전에 투자를 많이 해야 한다. 지금까지는 대부분 대학을 졸업해 취직한 이후 자기발전을 위한 교육을 받을 기회가 별로 없었다.

그러나 정보화 · 세계화 등 경제 · 사회 여건이 급격히 변하는 데다 평균수명도 길어져 이미 구식이 된 과거 지식만으로 버티기에는 한계가 있다. 따라서 지속적으로 재교육을 받아야 할 필요성이 커졌다. 그러나 우리나라 성인의 평생학습 참여율은 23.4%로 OECD 가입 국가 중 가장 낮다.

[표 8-1] 성인(25~64세) 평생학습참여율 국제비교

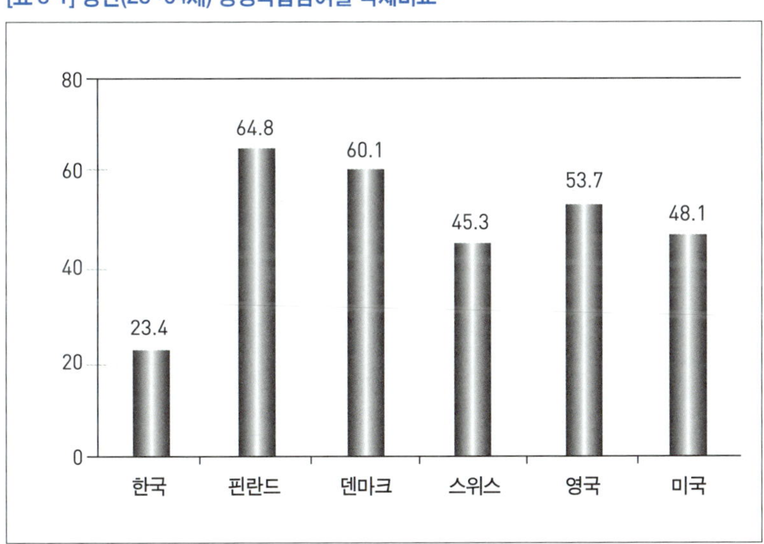

출처: 국민경제자문회의

이에 따라 재교육받을 수 있는 근무시스템개선 등 사회적 여건 조성이 절실하다. 또 문화산업 등 고부가가치 산업이 발달해야 하는데 현행 근무형태에서는 쉽지 않다. 최근 한국영화 관객이 늘어난 것은 영화의 품질 향상도 있으나 주 5일제로 영화를 볼 시간이 생긴데도 원인이 있다고 본다.

조기출퇴근 시스템을 도입하면 평생교육 여건 조성 등 장점이 많다. 근무형태를 1시간 당겨 8~5시 시스템이 되면 어떤 현상이 벌어질까.

물론 아침 시간은 현재보다 바빠진다. 그러나 퇴근시간 이후가 길어져 효율적으로 활용할 수 있다. 여름철에 5시에 퇴근한다면 많은 여유 시간을 그냥 보내지는 않을 것이다. 외국어학원, 컴퓨터학원, 수영장, 테니스장 장사가 잘될 것이다. 사람에 따라서는 일찍 집에 돌아가 가족과 보내는 시간이 길어질 것이다.

또 저녁 약속은 줄어들 것이다. 여름철 오후 5시면 대낮인데 저녁이나 술을 먹기에는 이르다. 조기출퇴근은 우리 국민의 과도한 음주를 줄이는 데도 기여할 것이다.

우리나라는 과도한 음주에 따른 경제적 손실이 크다. 2003년 한 해 동안 음주에 들어간 경제적 비용이 24조 원에 이르는 것으로 조사됐다. 2000년의 15조 원에 비해 9조 원 증가한 것이다. 이런 음주비용은 국내 총생산 GDP의 3.3%로, 일본 1.9%, 캐나다 1.1%, 프랑스 1.4% 등보다 훨씬 높다.

1986~1988년에 올림픽을 대비해 서머타임을 실시한 적이 있다. 그 당시 위에서 언급한 일이 실제로 벌어졌다. 서머타임 실시 이후 음식

[표 8-2] 음주의 연간 경제적 손실

(단위: 억 원)

내 용	비 용
생산성 감소	124,848
생산인력 손실	58,301
주류 소비	42,759
질병 치료	11,728
재산피해	2,442
각종 행정 비용	2,821
총액	**242,719**

출처: 연세대 보건대학원

점과 술집의 매출이 줄었고 각종 학원은 호황을 누렸다. 조기출퇴근하면 일찍 출근해야 하므로 늦게까지 술 먹기가 부담스럽다. 선진국은 대부분 서머타임을 실시하는데, 적어도 1년의 50%를 조기출퇴근하는 셈이다.

OECD 가입국가 중 지리적으로 서머타임이 불필요한 아일랜드를 제외하면 서머타임을 실시하지 않는 나라는 일본과 우리뿐이다. 선진국의 많은 공공기관, 기업은 평시에도 8시에 출근하는 경우가 많다. 이러면 여름철에는 우리보다 2시간 일찍 출근하는 셈이다. 또 조기출퇴근하면 에너지 절약효과도 크다. 근무시스템 변경은 돈 들이지 않고 경쟁력과 삶의 질을 높이는 길이라고 생각한다.

조기출퇴근을 실시할 경우 보완해야 할 점이 많다. 출근시간이 당겨지므로 서울 같은 대도시는 시간대별로 교통 분산책을 마련해야 한다. 가장 중요한 점은 퇴근시간이 지켜져야 한다는 것이다. 많은 사람이 근무시간만 정확히 지켜진다면 조기출퇴근을 선호한다고 한다. 그러나 현실적으로 퇴근시간이 지켜지지 않아 근무시간이 늘어날 우려가 있어 반대가 많은 것 같다.

다행히 최근에는 기업의 퇴근시간이 지켜지는 경향이므로 여건은 많이 성숙되었다. 영향력이 가장 큰 정부기관부터 조기출퇴근 실시를 검토해야 한다. 오전 9시 30분에 시작하는 금융기관의 근무시간도 당겨야 한다. 서머타임을 비롯한 조기출퇴근 문제를 공론화해 국민적 공감대 형성을 기반으로 하루속히 도입해야 한다.

반면 과거에는 근거 없는 공공기관의 겨울철, 11~2월에 근무시간 단축 사례가 있었다. 2008년 최근 우리나라도 주 5일제, 주 40시간 근무제를 도입했지만, 몇 년 전까지는 근로기준법에 따르면 주 6일제 44시간 근무제였다.

그러나 실제 중앙정부, 지방자치단체, 공기업, 정부산하기관 등의 법정근로시간은 민간기업과는 달리 아무 논리 없이 연평균 주당 42.6시간이었다. 즉 3~10월까지는 주중 9시에서 6시까지 8시간이 근무시간이지만 11월부터 다음 해 2월까지는 출근시간은 그대로 9시이고 퇴근시간은 오후 5시로 단축해 근무했다.

겨울철에는 공공기관 직원은 주중에 하루 7시간만 근무해 토요일 4시간을 합쳐도 주당 39시간만 일했다. 근무시간만 보면 공공기관 직원은 겨울철에는 요즈음 근무시간이 과거보다 1시간 더 길어진 셈이다.

필자가 당시 담당부서 책임자에게 동절기 근무시간을 줄이는 이유를 물어보니 별 특별한 이유 없이 관례적으로 그런다고 했다. 당시 이유로 든 것이 에너지 절약, 민원인이 겨울에는 5시 이후 많지 않다는 것

등이었다. 실제로 에너지 소비는 대부분의 사무실이 연중 불을 켠 채 근무하고, 여름에 에어컨 가동이 많은 점 등을 볼 때 합리적인 이유로 보기 어렵다.

　재미있는 사건은 공공기관에 주 5일제가 도입되면서 겨울철 퇴근시간이 오후 6시로 되자 모 지방 시청 공무원들이 항의하는 해프닝이 벌어진 것이다. 적반하장이 이런 경우인 것 같다. 필자가 차관회의에서 겨울철 근무시간 단축의 부당성 문제를 제기했는데 재검토하겠다고 한 후 개선되지 않다가 주 5일제 실시 이후로 9~6시 제도로 전환되었다. 세상에는 온 국민이 지켜보는 가운데 아무 논리 없는 시책이 수십 년간 지속되기도 한다.

중국 관광객 유치를 위한 특별대책을 세우자

관광산업은 공해가 없고 부가가치도 높은 산업이다. 우리나라는 전자, 자동차, 조선 등 제조업을 중시하다 관광산업을 등한히 한 면이 많다. 세제·금융지원이나 외국인 근로자 고용 등 모든 면이 제조업 위주로 되어 있어 관광산업은 우선순위에서 밀린 것이 현실이다. 최근 한류 붐에 힘입어 외국인 관광객이 늘고는 있으나 만족할 만한 수준은 아닌 것 같다.

앞으로 우리의 소득증대와 관련해서 관광을 최대 역점산업으로 육성할 필요가 있다. 다행히 21세기에 최대 경제대국으로 부상하는 거대 중국이 우리와 인접했다는 점은 관광산업 면에서 좋은 기회가 된다. 2006년 중국인 입국자 수는 약 90만 명으로 중국인 전체 출국자 3,452만 명 가운데 2.6%에 지나지 않는다.

중국인 출국자의 단지 2.6%만이 우리나라를 방문한다는 것은 지리적인 근접성이나 양국의 역사·경제적 관계로 볼 때 너무 적은 수이다.

주지하는 바와 같이 중국은 세계에서 가장 높은 경제성장률을 기록하는 나라이다. 따라서 소득증대에 따라 해외여행 인구가 늘어날 것이다.

최근 중국인 사이에 "외국에 다녀왔나요"라는 인사가 늘고 있다. 세계관광기구^{WTO}는 2020년에는 중국에서 연간 1억 명 이상이 해외여행을 할 것이라고 전망했다. AC닐슨사가 택스프리월드어소시에이션과 공동으로 조사한 결과에 따르면 중국인은 해외여행에서 1인당 평균 987달러를 소비하는데, 이는 세계 최고수준이다.

앞으로 중국관광객을 많이 유치해야 하는데 우리에게는 유리한 점이 많다. 예컨대 소득수준이 가장 높은 중국의 남부지방 상하이^{上海}, 광저우^{廣州}, 선전^{深圳} 등에서 제주도는 1시간 정도로 매우 가깝다. 이들 지역에서 서울까지의 거리는 베이징^{北京}과 거의 비슷하다.

서울~베이징이 비행기로 2시간 걸리는데 중국 대부분의 주요 도시와 우리나라는 세계 어느 나라보다 접근성이 좋다. 앞으로 저가 항공사의 취항이 늘면 중국 주요 도시와 우리나라의 왕복항공료는 20만 원대로 낮아져 수요는 더욱 늘어날 가능성이 높다. 어떻게 해야 중국관광객을 많이 유치할까. 관광공사 등 관계기관에서 조사한 결과에 따르면 다음과 같은 점에 유의하며 대책을 추진해야 한다.

우선 중국인이 우리나라에서 겪는 불편 가운데 하나가 음식이 맞지 않는다는 점이다. 우리나라에 중국음식점이 많으나 중국인이 즐겨먹는 음식과는 거리가 멀다. 중국인이 좋아하는 음식과 분위기를 만들어야 한다. 예컨대 중국인은 항상 뜨거운 차를 마시는데, 우리나라는 호텔에서도 뜨거운 물을 준비하지 않는 경우가 많다고 한다.

중국인 가운데는 도박을 좋아하는 사람이 많다. 최근 마카오가 엄청난 호황을 누리는 것도 이 덕분이다. 이 점에서 카지노의 서비스 개선과 시설 확대를 검토해야 한다. 또 한류 확산에 따른 문화관광의 확대, 쇼핑 상품의 개발 등도 중요한 과제다. 최근 성형수술 등 의료관광도 늘어나고 있다. 중국인이 자국에서처럼 편안하게 느끼게 하려면 중국말이 쉽게 통하게 해야 한다. 인천국제공항에서 환승할 때나 한국에 체류할 때 언어에서 불편이 없게 해야 한다.

중국관광객을 위해 입국심사대를 따로 설치하는 방안을 검토할 필요가 있다. 다행히 중국에는 조선족이 많으므로 이를 적극 활용하면 해결할 수 있다고 본다. 중국관광객을 유치하려면 중국인을 가장 잘 이해하는 화교자본 유치가 중요하다고 생각한다. 서울, 영종도, 시화지구, 제주도 등 화교자본이 요구하는 지역에 인센티브를 주어 대규모 투자를 유치할 필요가 있다. 그들이 투자하면 자연히 관광객도 유치할 것이기 때문이다.

예시적으로 중국관광객을 유치하기 위한 몇 가지 과제를 이야기했으나 이를 강력하고 지속적으로 추진하는 추진기구가 있어야 한다. 필자 생각으로 2020년경에 중국인 관광객 유치 목표를 그때 예상되는 중국 출국자 수 1억 명의 10%인 1,000만 명으로 정하고 이를 달성하기 위해 유치대책을 세우고 대비해야 한다. 중국인 입국자 수를 1,000만 명으로 늘리려면 다양한 시책을 추진해야 한다. 아울러 이들을 수용하려면 중저가 호텔 등 시설 확충도 수반되어야 한다.

이 같은 과제를 종합 조정하는 기구를 대통령이나 국무총리 직속으로 한시적으로 설치해 강력히 추진해야 한다. 박정희 대통령 시절 대통령 비서실에 관광비서관을 둔 적도 있다.

막대한 통일비용 조달 방안을 강구하자

우리 국민 가운데 통일을 바라지 않는 사람은 없을 것이다. 사람에 따라서는 통일이야말로 국가정책의 최우선 순위에 두어야 한다고 주장한다. 우리의 염원인 통일은 아무런 부담 없이 공짜로 이루어질까. 통일은 정치·경제·사회·문화·국민의식 등 모든 면에서 엄청난 변화를 초래할 텐데 그중에서도 경제적 비용이 막대할 것이다.

요즘 북한을 다녀온 사람들의 이야기를 종합해보면 북한을 현재 남한 수준까지는 아니더라도 1980년 수준까지 만들기 위해서도 엄청난 돈이 필요하다.

개성~평양 간 철도는 시속 수십 킬로미터 이상 낼 수 없을 만큼 낡았다. 평양 인근의 순안공항도 남한의 지방공항 수준이며 포장도로도 별로 없다. 그나마 보수가 제대로 안 되어 제 속도를 낼 수 없다. 남한에서 전기를 공급하는 문제가 제기되었을 때 발전소만 없는 것이 아니라 송배전 시설도 낡아 이도 도와주어야 한다고 했다. 주택도 새로 지어야 할 것이 많다. 학생을 위한 학교시설 개·보수, 교육·직업훈련 등 통일 이후 할 일이 너무 많다. 여기에는 엄청난 재원이 필요하다. 통일에 따른 비용이 얼마나 될지는 통일비용의 정의와 추정 방식 등에 따라 다르다.

독일의 예를 보면 통일비용이 1990년 통독 이후 2003년까지 약 1조 3,000억 유로가 들었다. 1년 평균 130조 원이 넘게 든 것이다. 내역을 보면 동독 주민의 사회보장성 지출이 큰 부분을 차지한다. 반면 동독지역 인프라 투자 등 경제활성화 분야는 크지 않다.

[표 8-3] 독일의 통일비용 내역(1991~2003년 추정치) (단위: 십억 유로)

	내용	금액	비중(%)
인프라 재건 지출	도로, 철도, 수로 개선, 지자체 교통, 주택, 도시건설개선 등 지원	160	12.5
경제(기업) 활성화 지원 지출	지역경제 활성화, 농업 구조 및 해안보존, 투자 보조, 전철 근거리 교통 보조	90	7.0
사회보장성 지출	연금, 노동시장 보조, 육아보조, 교육보조	630	49.2
임의 기부금 지출	독일 통일 기금(1991~1994) ----- 62 판매세 보조 -------------------83 주재정 균형 조종 -------------- 66 연방 보조지급금 -------------- 85	295	23.0
기타 지출	인건비 및 국방비 지출	105	8.2
총이전 지출(A)		1,280	100.0
구동독 수입(B, 세금 및 사회부담금 수입)		300	23.4
순이전 지출(A-B)		980	76.6

출처: 현대경제연구원

그러나 북한은 수백만 명이 굶어 죽을 만큼 경제가 열악하다. 따라서 통일되면 단기적으로는 식량, 의료 등 기본적인 생존을 위한 지원부터 시작해야 한다. 그리고 거의 전무한 도로 등 사회간접시설 투자까지 막대한 돈이 들어갈 것이다. 남한은 1960년대부터 40년 넘게 도로에 투자했는데도 오늘날 해마다 10조 원 이상을 도로에 투자한다. 이로 미루어볼 때 북한의 사회간접시설 투자에 돈이 얼마나 많이 들어갈지 짐작할 수 있다.

통일비용은 전문가나 기관에 따라 수십조 원이나 수백조 원이라고 예측했으나 모두 거시적 모델에 따른 것이다. 게다가 개념 정의와 추정 방식 차이 등에 따라 편차가 커서 신빙성은 크지 않다.

참고로 통독 당시의 독일과 오늘날 우리 상황을 비교하면 1989년 동독 인구는 1,640만 명이었는데 2004년 북한은 2,270만 명, 1인당 GDP는 당시 동독이 8,200달러로 서독의 40% 수준인데 북한은 900달러로 남한의 7%에 불과하다. 국토면적은 동독이 108㎢, 북한은 122㎢로 더

[표 8-4] 한국과 북한, 서독과 동독의 비교

	1989년 통일 직전 동·서독			2004년 현재 남·북한		
	서독(A)	동독(B)	A/B(배)	남한(A)	북한(B)	A/B(배)
면적(㎢)	249.0	108.0	2.3	99.9	122.1	0.8
인구(백만 명)	61.8	16.4	3.8	48.1	22.7	2.1
GDP(십억 달러)	1,371.0	135.5	9.7	681.0	20.8	32.8
1인당 GDP(천 달러)	21.3	8.2	2.6	14.2	0.9	15.5
수출(십억 달러)	382.3	28.4	13.5	253.8	2.9	248.9
수입(십억 달러)	302.6	28.9	10.5	224.5	1.8	122.0

출처: 현대경제연구원

크다. 이는 우리 통일비용이 독일보다 클 것임을 시사한다.

독일은 실제 통일비용이 통일 전 예상치보다 훨씬 컸다고 한다. 이는 동독지역의 인프라와 동독경제 구조조정 비용을 과소 예상한 반면 동독 국영기업의 매각수입 등을 과대평가했기 때문이다. 우리나라도 통일비용이 예상보다 클 가능성이 있다.

막대한 통일비용을 어떻게 조달하며, 준비는 제대로 하고 있는가. 독일의 예를 들면 통일은 특정한 사건을 계기로 갑자기 이루어질 가능성도 배제할 수 없다. 준비 없이 갑자기 통일되면 그 비용은 어떻게 조달할까.

민간기업이나 개인같이 큰 일에 대비해 사전에 저축하는 방법을 생각할 수 있다. 그러나 국가에게 이 방법은 경제적 효과가 다르다. 정부가 해마다 통일기금으로 국민에게 10조 원씩 더 걷어 적립하는 것을 생각할 수 있다.

이 경우 적립된 자금을 국내 민간에게 빌려주면 통일될 때 단기간에 회수할지 의문이다. 급격히 회수할 때 금융경색이 예상된다. 이를 해외 기관 등에 예치한다면 국내에서는 그만큼 소비나 투자가 위축되어 경제 성장과 고용이 줄어들 것이다. 세입 재원을 모두 사용하고도 모자라 정부가 국채까지 발행하는 현실에서 언제 올지도 모르는 통일기금을 준비하기 위해 크게 증세한다는 것은 비현실적이다.

따라서 통일될 경우 현실적인 통일비용 조성방안은 다른 항목의 지출을 조정해 북한 재건명목으로 전환하고 세금도 더 걷으며 모자라는 돈은 국채를 발행해 조달할 수밖에 없다. 우선 세출 항목조성은 남·북한 대치 상황에서 소요된 막대한 군사비 지출을 통일비용으로 전환할 수 있다. 북한은 규모에 비해 과대한 군사비를 지출하는데 통일되면 이를 상당부분 활용할 수 있다.

아울러 북한지역 지원투자에 따른 건설경기 활성화 등 일부 경기진작으로 자연 세수증가 요인을 기대할 수 있다. 그러나 어차피 막대한 통일비용을 조달하기 위해서는 증세나 국채발행 등 추가조치가 불가피하다. 독일은 부가가치세 증세 등을 했으나 주로 국채를 발행해 자금을 조달했다. 이로써 재정적자는 해마다 늘어나 GDP 대비 부채비율이 1991년의 40.4%에서 2004년 67.0%로 늘었다.

통일비용 조달을 위한 증세는 북한 국민은 담세능력이 없으므로 대부분 남한 국민의 부담이 될 수밖에 없다. 국민은 통일을 바라지만 과연 통일비용은 얼마나 부담할 수 있을까.

2005년 동아시아연구소에서 실시한 여론조사에 따르면 통일을 위해 별도로 비용을 부담할 생각이 없다는 사람이 30.4%, 1년에 10만 원 미만의 비용을 추가로 부담할 용의가 있다는 사람이 39.5%, 10만 원 이상도 부담할 용의가 있다는 사람이 30%였다. 전 국민이 1년에 10만 원씩 추가로 부담하면 연 4.7조 원이 된다. 독일이 통독비용으로 1년에 130조 원을 사용한 것을 감안하면 그 정도 부담으로는 너무 적다.

통일비용 조달을 위한 증세가 클 경우 남한 주민은 북한 주민 때문에 세금을 많이 낸다고 생각해 민족 갈등을 초래할 수도 있다. 독일도 통일 이후 동·서독 국민 사이에 일부 위화감 문제가 제기되었다. 어쨌든 증세는 국민의 부담 능력에 따라 한계가 있으므로 나머지는 정부가 민간이나 외국에서 돈을 빌려 필요한 사업을 할 수밖에 없다. 이 경우 금융시장의 자금수급 여건도 문제이지만 정부의 재정적자가 추후에 감당할 수준인가가 더 문제이다.

정부의 재정상태가 비교적 건전하면 통일비용을 조달하기 위해 한시적으로 빚을 늘려도 나중에 갚아나갈 수 있다. 그러나 통일 이전에 정부가 빚을 많이 진 상태라면 통일을 위한 추가적인 빚은 국가운영에 엄청난 부담이 된다.

우리나라 국가부채는 2007년 303조 원으로 GDP 대비 33.4%인데, 이는 OECD 평균 76%에 비하면 상당히 양호한 편이다. 그러나 내용을 보면 그렇게 안심할 형편은 아니다.

우선 재정구조가 개선되지 않고 있다. 1997년 외환위기 이전에는 세계에서 가장 건전한 것으로 알려진 우리나라 재정이 외환위기 극복 과정에서 적자가 된 이후 국채발행이 지속적으로 늘어났다. 재정수요는 고령화에 따른 복지부문의 세출 증가와 미군철수와 관련해 국방비 증가가 지속될 전망이다. 국가부채가 우려스러운 것은 현재 국가부채 통계에 포함되지 않은 공공부문 부채가 있기 때문이다.

대표적으로 각종 연·기금과 공기업의 부채가 있다. 국민연금은 최근 개선했으나 연금고갈 시기가 2047년에서 2060년으로 13년 연장된 데 불과하다. 공무원연금도 이미 적자인데다 2020년에는 10조 원 이상의 적자가 예상된다. 군인연금도 오래전부터 적자다. 공기업도 부채가 많아 2006년 현재 도로공사 16.8조 원, 한국토지공사 19.5조 원, 대한주택공사 30.9조 원에 이른다. 고령화의 급속한 진전에 따라 의료보험

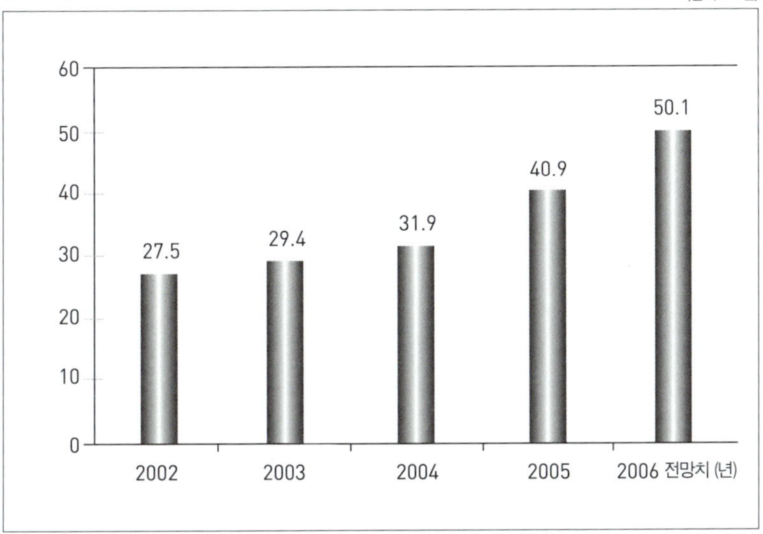

출처: 재정경제부

재정도 막대한 재정지원 소요를 유발할 가능성이 크다.

이렇게 보면 우리나라 국가부채는 현재 수준에서 크지 않다고 안심할 상태는 아니다. 이러한 상태에서 통일 후 북한경제를 건설하기 위해 막대한 재정적자가 초래된다면 국가부채 문제는 심각한 수준에 달할 확률이 높다.

따라서 막대한 통일비용을 조달하기 위한 현실적인 대안을 제시하면 미래에 조세부담률을 올릴 여지를 남겨두고 국가부채도 너무 늘지 않게 재정을 보수적으로 운영하는 것이다. 양극화 해소와 소득재분배를 위해 조세부담률 인상 등 가용재원을 다 사용하면 추가로 통일비용 조달이 어려워질 것이다.

1992년 GDP의 68% 수준이던 일본의 국가부채가 통일이라는 큰 변수가 없었음에도 잦은 경기부양책으로 2006년 GDP의 160% 수준으로 늘어난 것을 보면 현재 국가부채가 적다고 안심할 것은 아니다.

통일비용을 줄이는 가장 효과적인 방법은 통일 이전에 경제 면에서 남북한 격차를 좁히는 것이다. 북한을 이러한 방향으로 최대한 유도해야 한다. 햇빛정책도 북한이 경제를 개방하고 시장경제를 받아들여 남북한의 경제적 격차를 줄임으로써 미래의 통일비용을 줄이는 면에서 필요성이 이해된다.

통일관련 비용은 크게 보면 소모성 비용이 아니고 국가와 민족을 위한 투자다. 따라서 통일비용을 너무 강조해 통일에 지나친 우려를 갖게 하는 것은 바람직하지 않다.

그러나 막상 통일되면 현실적으로 바로 부딪치는 가장 중요한 문제가 통일비용 조달이다. 그동안 정부에서는 논의가 없었다 해도 지나친 말이 아니다. 통일부나 통일정책 전문가는 우리나라의 재정현황이나 미래 경제전망을 알 리 없다. 기획재정부는 통일정책을 생각할 기회가 별로 없다.

필자가 정부에 있는 동안 통일에 대비한 진지한 논의를 한 기억이 없다. 북한의 남침에 대비해 비상훈련은 해마다 하지만 통일대비 훈련이나 토의는 경제부처 주요 보직을 경험한 필자로서도 경험이 없다. 기우인지 모르지만 통일비용을 거론할 경우 막대한 비용부담으로 통일에 대한 국민의 관심이 줄어드는 것을 우려해 관계 당국에서는 될 수 있으면 이를 회피하는 것인지도 모르겠다.

독일의 경우를 보면 통일은 갑작스럽게 올 수도 있다. 정부는 정책을 수립하고 운영할 때 통일도 염두에 두면서 해야 할 터이지만 현실은 그렇지 못하다. 통일 대비를 공개적으로 하기 어려운 점을 감안하더라도 정부에서라도 필요한 논의는 해야 한다. 특히 경제부처 공무원이 통일정책 수립에 참여하고 아울러 통일에 대비한 경제·재정 정책이 되도록 해야 한다.

우리의 소원은 통일이라고 노래만 할 것이 아니라 냉철하게 준비하는 자세가 필요하다.

지역연구센터를 만들자

우리나라는 자원이 부족하므로 수출을 통해 살아갈 수밖에 없다. 우리나라는 세계 12위 교역대국이다. 아울러 최근에는 플랜트^{Plant} 수출 등 해외건설투자와 자동차, 전자 등 제조업 해외투자도 활발하다. 외국인의 국내투자도 많이 유치해야 한다. 수출이나 해외투자를 확대하려면 세계 각국의 경제·사회·환경에 대한 정확한 정보가 필요하다.

해외정보는 정부와 민간 등 여러 기관에서 성격에 따라 다양하게 수집한다. 정부기관은 외교통상부와 국가정보원이 해외공관 등을 통해 정보를 수집한다. 무역투자진흥공사^{KOTRA}도 각국에 지사가 있어서 산업 무역정보를 수집한다.

대기업은 교역이 많은 지역을 중심으로 지사를 통해 정보를 수집한다. 중소기업은 해외에 진출하기 위해 KOTRA를 많이 이용한다. 이밖에도 대외경제연구원, 해외건설협회 등 여러 기관이 필요한 지역의 정보를 수집한다. 문제는 다기화된 지역정보를 종합적으로 일관성 있게 관리하는 주체가 없다는 점이다. 인구, GDP, 정부구조 등 일반적인 정보는 대부분의 관련 기관이 갖고 있으나 그 이상의 정보는 공유도 잘 안되고 깊이 있게 연구·분석하지도 않는다.

미국, 일본, 중국 등 중요 국가에 대해서는 정보도 전문가도 비교적 많으나 그밖의 국가에 대해서는 정보도 전문가도 부족하다. 인구도 많고 잠재력이 큰 인도, 인도네시아, 베트남, 브라질, 멕시코 등에 대한 지역연구는 미약하다.

필자는 2005년 한국개발연구원이 베트남 정부에게 우리나라의 개발 경험을 전수하는 프로그램에 참가한 적이 있다. 그 프로그램을 추진하면서 베트남 지역연구를 전담하는 기관이나 전문가가 없음을 느꼈다. 베트남의 역사, 민족성, 정치, 경제구조, 산업구조 등을 꿰뚫고 있는 기관이 없다는 이야기다.

베트남은 인구가 8,000만 명이 넘는 등 경제적으로도 잠재력이 큰 나라다. 이들 국가에 대한 지역연구가 너무나 소홀하니 그 지역에 진출하려는 기업 등은 정보를 얻는 데 그만큼 시간과 비용이 더 들고 시행착오를 겪는다.

베트남 현지 출장을 통해 많은 정보를 알게 되고 베트남 정부에 정책 자문도 많이 했다. 그 결과 보고서도 작성했는데, 베트남지역 전담 연구기관이 없으니 힘들게 만든 보고서가 필요한 사람에게 제대로 전달될 것 같지 않다. 이제부터라도 지역연구를 강화하고 전담 연구기관을 설치해야 한다.

새로운 연구기관을 만들 필요는 없고 기존의 정부출연 기관 중 하나를 지역연구센터로 개편하면 된다. 신설 지역연구원은 지역 위주로 조직을 편성하고 현지에서 해당지역에 정통한 전문가를 채용해야 한다. 과거 대외경제연구원에서 지역연구를 수행한 적이 있는데, 박사급 연구원을 배치하니 지역연구에 전담하기보다 논문을 써서 대학교수가 되는 등에 관심을 두는 경우가 많았다.

예컨대 베트남 담당 연구원이 베트남어를 몰라 영어나 일어로 된 자료를 번역하는 정도였다. 예컨대, 일본의 아시아경제연구소의 한국담당은 매일 한국 신문을 보고 휴가도 한국으로 온다고 한다. 따라서 지역연구 전문가는 박사학위 소지자보다 해당 지역 언어를 알고 현지 사정을 잘 아는 전문가 위주로 보직해야 한다. 그래야 평생을 자기가 맡은 지역연구에 전념할 것이다.

세계 경영을 하려면 그에 걸맞은 지역연구시스템부터 갖추어야 할 것이다.

기업공시를 알기 쉽게 고치자

해마다 3월경에는 신문에서 기업의 대차대조표를 흔히 볼 수 있다. 상장기업은 기업의 경영 상태를 일반투자가가 알 수 있게 대차대조표 등의 재무제표를 의무적으로 공시해야 한다. 그런데 대차대조표 내용을 보면 경제지식이 있는 필자도 알 수 없는 내용이 많다.

대차대조표는 크게 자산과 부채, 자본계정으로 분류되는데 계정마다 자세한 세부 항목이 나열되어 있다. 최근에 공시된 한 회사의 대차대조표 일부를 예시하면 유동자산의 내역으로 현금 및 현금등가물, 매출채권, 단기대여금, 매수금, 선급비용, 부가세대급금, 만기보유증권이 표기되어 있다. 다른 계정도 비슷한 수준으로 내역이 표시되어 있다.

필자가 제기하고자 하는 문제점은 대차대조표 공시를 의무화하는 취지에 비추어 현재 공시제도가 과연 의미 있는가 하는 것이다. 2008년 현재의 대차대조표 공시제도는 회사의 자산, 부채, 자본금의 기본 통계를 나열한 것이다.

어느 회사가 자산, 부채, 자본금 이익이 얼마인지는 알 수 있지만, 기업의 자금조달에 문제가 있는지를 알려면 자기자본비율이나 유동비율 등을 분석해야 한다. 기업의 수익력을 알려면 매출액이익률이나 총자본이익률, 자본금이익률 등을 분석해야 한다. 기업의 성장성을 보려면 매출액성장률 또는 경상이익성장률을 계산해야 한다. 또 수익력에 비해 주가가 어느 수준인지 알려면 주가수익비율•을 알아야 한다.

어느 회사는 이익이 500억 원이고 어느 회사는 이익이 1,000억 원인 경우 보통의 투자자는 현재 공시제도로는 어느 회사가 수익력이 더 좋은지 쉽게 비교할 수 없다.

공인회계사 수준의 경제지식이 있는 투자자라도 대차대조표를 보고 계산해야 위에서 언급한 지표를 분석할 수 있다. 하물며 보통 투자자들은 그런 지표를 분석할 능력도 없으니 공시된 대차대조표가 별로 의미가 없다. 심하게 이야기하면 의미 없는 숫자 나열에 불과하다.

그렇다면 전문가들은 공시된 대차대조표를 어떻게 볼까.

기업분석을 전문적으로 하는 애널리스트 등에게 신문에 난 정보는 너무 단순하고 부족하다. 따라서 더 자세한 손익계산서 등 각종 재무제표를 구해서 본다.

● **주가수익비율** PER: Price Earning Ratio 현재 주가를 1주당 순이익으로 나눈 값으로 지금 주가가 주당 순익의 몇 배로 거래되고 있는지 알아보는 지표다. 주당 순익은 많은데 주가가 낮으면 PER도 낮아지고, 반대로 주당 순이익은 적은데 주가가 높으면 PER도 높아진다. 따라서 PER가 낮을수록 주식이 저평가돼 있음을 의미한다.

신문에 난 대차대조표를 보고 분석하는 전문가는 거의 없다. 이렇게 보면 신문에 공시된 대차대조표는 누가 보고 무슨 도움을 받는가. 일반 투자자는 무슨 소린지 몰라서 안 보고 전문가는 너무 단순해서 안 보고 결국 돈 들여 신문광고를 하지만 별 의미 없는 공시가 된다. 따라서 당초 취지대로 일반투자자 등이 기업의 내용을 쉽게 이해할 수 있게 하려면 공시제도를 개편해야 한다.

개편 방향은 다음과 같다.

자산, 부채, 자본계정 중 일반투자자가 큰 관심도 없고 잘 알기도 어려운 세부항목 등은 줄인다. 대신 기업의 경영상태를 알 수 있게 분석한 지표를 추가해야 한다.

예컨대 위에서 언급한 자기자본비율, 유동비율, 매출액이익률, 자본금이익률, 경상이익증가율, 1주당순이익 등을 공시하게 한다. 그러면 일반투자자들도 조금만 신경 쓰면 이 회사의 자금사정이 건전한지, 수익성이 다른 회사에 비해 좋은지, 주가가 이익에 비해 높은지 등을 알 수 있다.

무슨 제도이든지 전례 답습으로 반복할 것이 아니라 왜 하는지 근본 취지를 다시 생각하게 하는 예라고 생각한다.

[표 8-6] 결산공고(현행예)

제 X X기 결산공고
대 차 대 조 표

(○○○○년 ○○월 ○○일 현재)　　　　　　　　　　　　　　　　　(단위: 원)

계 정 과 목	금　액	계 정 과 목	금　액
자　산		부　채	
Ⅰ.유 동 자 산	12,223,918,263	Ⅰ.유 동 부 채	27,685,602,058
(1)당 좌 자 산	2,459,485,080	1.매 입 채 무	175,566,038
1.현금 및 현금등가물	112,993,944	2.미 지 급 금	5,237,396,247
2.매 출 채 권	4,089,989,981	3.선 수 금	1,347,582,369
대 손 충 당 금	△3,170,562,828	4.예 수 금	166,029,940
3.단 기 대 여 금	281,955,184	5.미 지 급 비 용	2,680,202,993
4.미 수 금	108,909,586	6.유 동 성 장 기 부 채	18,545,794,720
대 손 충 당 금	△10,330,881	사채 할인 발행 차금	△466,970,249
5.선 급 비 용	67,249,046	Ⅱ.고 정 부 채	15,100,813,131
6.부가세대급금	121,946,720	1.사 채	13,400,000,000
7.만기보유증권	857,334,418	사채 할인 발행 차금	△574,719,678
(2)재 고 자 산	9,764,433,183	2.장 기 차 입 금	1,750,444,080
1.제 품	7,150,219,537	3.퇴직급여충당금	496,856,929
평가손실충당금	1,192,657,185	국민연금전환금	△5,123,400
2.재 공 품	6,100,249,267	4.임 대 보 증 금	3,355,200
평가손실충당금	△2,293,378,436	5.장기미지급금	30,000,000
Ⅱ.고 정 자 산	43,901,249,098	**부 채 총 계**	**42,786,409,189**
(1)투 자 자 산	3,852,123,512		
1.장기성매출채권	6,308,238,858	자 본	
대 손 충 당 금	△3,327,595,998	Ⅰ.자 본 금	22,475,395,000
2.장기금융상품	9,000,000	(수권주식 수:1억 원)	
3.매도가능증권	2,462,975	(1주당 금액:5,000원)	
4.장 기 미 수 금	1,758,635,148	1.보 통 주 자 본 금	22,475,395,000
대 손 충 당 금	△927,680,041	(발행주식 :4,495,079주)	
5.보 증 금	29,062,570		
(2)유 형 자 산	40,049,125,586	Ⅱ.자 본 잉 여 금	20,222,923,449
1.토 지	17,231,502,395	1.감 자 차 익	20,222,923,449
2.건 물	4,434,489,606	Ⅲ.결 손 금	△28,650,618,852
국 고 보 조 금	△374,712,760	1.차기이월결손금	△28,650,618,852
감 가 상 각 누 계 액	△1,472,077,420	(당기순이익:1,323,973,200)	
3.구 축 물	1,617,456,568		
감 가 상 각 누 계 액	△183,723,264	Ⅳ.자 본 조 정	△708,947,425
4.기 계 장 치	15,714,538,212	1.자기 주식 처분 손실	△708,947,425
감 가 상 각 누 계 액	△8,573,469,585	**자 본 총 계**	**13,338,758,172**
5.차 량 운 반 구	695,619,337		
감 가 상 각 누 계 액	△429,348,038		
6.기 타 의 유 형 자 산	355,519,468		
감 가 상 각 누 계 액	△145,839,431		
자 산 총 액	**56,125,167,361**	**부 채 와 자 본 총 계**	**56,125,167,361**

제 ⅩⅩ기 결산공고

자 산		부 채	
Ⅰ. 유동자산		Ⅰ. 유동부채	
(1) 당좌자산		Ⅱ. 고정부채	
(2) 재고자산			
		부 채 총 계	
Ⅱ. 고정자산		자 본	
(1) 투자자산		Ⅰ. 자 본 금	
(2) 유형자산		Ⅱ. 자본잉여금	
		Ⅲ. 조 정	
자 산 총 계		자 본 총 계	

〈 경영지표 〉

1. 기업수익력

	2006년	2007년	2008년
매출액 순이익률			
총자본경상이익률			
자본금 순이익률			
1 주당 이익 금액			

2. 자금조달력

자기자본비율			
유동비율			
고정비율			

3. 성 장 성

매출액 성장률			
경상이익 성장률			
매출 총이익률			

공공요금의 정부부담은
신중해야

정부가 어떤 공공요금을 인상하려면 "왜 국민에게 부담시키는가, 정부가 부담해라" 하는 주장을 많이 한다. 이 경우 공공기관의 경영 비효율성이 많으므로 경영혁신을 해서 원가상승 요인을 흡수해야 한다는 요구는 정당하다. 그러나 경영혁신으로도 감당할 수 없는 원가상승 요인을 소비자에게 부담시키지 말고 정부가 부담하라는 요구는 신중히 해야 한다.

최근 국립대학교의 인건비, 운영비 등이 증가해서 학교는 수업료를 올리려 하고 학생들은 반대한다. 이에 따라 각 정당도 수업료 반값 대책 등을 발표했다. 수업료 인상 억제에 따른 재원 대책은 대부분 국고 보조금 증액이다. 국립대 수업료가 낮아졌다고 국민이 좋아하겠지만 과연 우리 국민의 부담이 줄어들었을까.

사실 국민 부담은 그대로 있고 주체만 달라진 것이다. 수업료를 인상하면 해당 학생이 부담하고, 수업료를 동결하기 위해 국고보조금을 늘리면 일반 납세지가 골고루 부담하는 셈이다. 결국 수익자 부담이냐, 일반 납세자 부담이냐 하는 문제다.

국립대 학생 가족이거나 장차 국립대학에 자녀를 보낼 의향 있는 사람은 대부분 국고보조를 늘려 수업료를 낮게 유지하기를 원한다. 하지만 대학생이 없거나 사립대 학생 가족 등은 수익자 부담원칙을 선호할 것이다. 또 국립대 수업료만 낮게 하면 일반 납세자의 돈을 왜 국립대에만 지원하느냐는 문제가 제기된다.

전체 대학교 학생의 수업료를 동결하기 위해 국고보조금을 늘리면 고등학생에 대한 국고지원과 형평성을 검토해야 한다. 예컨대 고교생에게는 1인당 수업료의 10%를 국고보조하면서 대학생은 20%를 국고보조하면 정당한지 따져보아야 한다.

국민의 부담을 줄인다는 정치권의 주장에 따라 국립공원 입장료를 폐지했다. 그러나 이 조치로 국민 부담이 줄어든 것은 전혀 없고, 앞서 이야기한 바와 같이 부담의 주체가 달라졌을 뿐이다. 즉 국립공원 이용자의 부담은 줄지만 대신 전체 국민이 골고루 부담하는 것이다. 이 같은 부담 전환이 합리적인지는 이용형태와 소득분배에 미치는 효과 등을 면밀히 검토해서 판단해야 한다.

위의 두 예에서 본 바와 같이 공공요금 등에서 정부 부담을 늘리는 것은 국민 부담이 줄어드는 것이 아니고 부담 주체가 수익자 부담에서 일반 납세자로 변경되는 것이다. 부담주체 변경이 정당한지는 해당 서비스 수요·공급, 소득분배에 미치는 영향 등을 검토해 신중히 결정해야 한다.

국가시스템 선진화 개혁의 접근방식을 바꾸자

중국 같은 개발도상국은 저임금을 무기로 우리나라를 뒤쫓는다. 미국, 일본 등 선진국을 쫓아가기에는 기술, 품질 등 부족한 점이 많다. 이렇게 우리 경제는 이들 국가에 샌드위치로 끼어 있다.

이런 어려운 여건을 극복하고 비전을 제시하기 위해 정부는 나름대로 전문가를 동원해 정책개발에 노력한다. 흔히 하는 방식은 유망산업 육성, 교육혁신, 노동시장 유연성 제고, 정부혁신, 중소기업 육성, 기술개발, 관광 진흥, 서비스산업 육성 등 분야별로 대책을 수립하는 것이다. 물론 그와 같은 접근방식은 필요하다. 그러나 우리나라가 고임금에 걸맞은 지식기반사회가 되고 선진화되려면 우리 사회의 전반적인 시스템과 의식구조가 변해야 한다.

우리 국민 전체의 창의성이 높아지고 사회의 유연성이 커지며 투명성도 높아져야 한다. 또 사회 전반에 걸쳐 신뢰성이 높아져야 하고 계층 간 사회적 유동성과 지도층의 도덕적 의무감도 높아져야 한다. 도덕

적 해이를 방지하기 위해 개인의 책임성도 높아져야 하고 법과 질서의

식도 정착되어야 한다.

이상에서 예시적으로 언급한 과제가 중요하다면 문제의식에 공감

대를 형성하고 해결방안에 국민적 관심사를 유도해야 한다.

예컨대 고임금사회에서 경쟁력을 유지하려면 고부가가치 산업을

육성해야 한다. 이를 위해 국민이 좀더 창의적이 되어야 한다. 국민의

창의성 제고에는 교육이 중요하지만 교육 이외에도 창의성을 저해하는

수많은 사회제도, 관행, 의식을 고쳐야 한다.

이런 문제를 개선하려면 '우리 사회의 창의성 제고를 위한 종합대

책' 같은 것이 필요하다. 이 대책을 수립하는 과정에서 우리 사회 전반

에 걸쳐 창의성을 저해하는 모든 법과 제도, 관행, 의식 등을 검토하게

된다.

이런 접근방식의 장점은 그동안 분야별 접근방식으로 제대로 부각

되지 않은 과제에 국민적 공감대를 형성하고, 그 문제를 해결하기 위해

전 분야의 문제점을 분석하고 대책을 제시하는 데 있다.

예컨대 '유연성 제고 대책'에서는 노동시장 유연성뿐만 아니라 법

과 조직의 유연성을 제고하기 위한 아이디어로 법과 조직의 유효기한

을 정하는 방식을 거론할 수 있다. 기존의 수직적·분야별 접근 방식이

불합리하니 필요없다는 것이 아니라 그런 접근방식을 보완하기 위해

예시한 수평적 접근방식 병행이 필요하다는 것이다.

그동안 정부가 5개년 계획 등 수많은 중장기 대책을 수립했지만, 수

평적 접근방식에 따른 종합대책을 수립한 적은 없다. 노동시장의 유연

성 제고는 많이 거론되었으나 사회 전반의 유연성 제고 대책을 본격적으로 논의한 적은 없다.

참고로 이 같은 접근 방식이 시도되지 않은 이유는 정부조직이나 전문가들이 수직적·분야별로 되어 있어서 수평적으로 문제 제기하는 사람도 많지 않고 또 제기하더라도 그를 추진하고 연구·분석할 전문가 집단이 없기 때문이다. 즉 교육부, 농림부와 교육학자, 농업경제학자는 있어도 창의성부, 창의성 전문가는 없기 때문이다.

앞으로 우리사회의 선진화를 위해 다음과 같은 과제에 대한 종합적인 사회 시스템 개혁 대책 수립을 제안한다.

첫째, 창의성 제고 대책이다.

고임금 시대에 고부가가치 산업을 육성하려면 창의성이 핵심이다. 교육제도, 획일적인 사회 분위기 등 창의성을 저해하는 모든 제도, 관행 등을 고쳐야 할 것이다.

둘째, 유연성 제고 대책이다.

빠른 변화에 대처하려면 정부, 기업, 개인 등 모든 경제 주체의 유연성이 높아져야 한다. 분권화, 자율화, 규제완화가 확산되어야 한다.

셋째, 신뢰성 제고다.

신뢰성이 낮은 사회는 선진국이 될 수 없다. 프란시스 후쿠야마의 《신뢰 *Trust*》라는 책에 의하면 우리나라는 저신뢰국가로 분류되고 있다. 신뢰성이 낮아 각종 규제가 많아지는 등 사회적 비용이 늘어나고 있다.

넷째, 투명성 제고다.

공직사회의 부패를 방지하고 예측 가능성을 주기 위해서는 투명성 제고가 필요하다.

다섯째, 책임성 제고다.

최근 민주화가 진전되면서 도덕적 해이가 심하다. 잘되면 내 탓, 잘 못되면 정부나 사회 탓으로 돌리는 경우가 많다. 자율과 선택의 확대는 책임성 증대가 수반되어야 한다.

여섯째, 사회적 유동성 제고가 중요하다.

그동안 사회적 유동성이 증대되었는지 감소되었는지 면밀히 분석해 보아야 한다. 사회적 유동성이 제고되어 형평성이 나아지도록 정책적 관심이 높아져야 한다.

최종찬의
新국가개조론

초판 1쇄 2008년　6월　20일
　　3쇄 2008년　10월　15일

지은이 최종찬

펴낸이 김석규　　**담당PD** 성영은　　**펴낸곳** 매경출판(주)

등　록 2003년 4월 24일(No. 2-3759)

주　소 우)100-728 서울 중구 필동1가 30번지 매경미디어센터 9층

전　화 02)2000-2610(출판팀) 02)2000-2636(영업팀)

팩　스 02)2000-2609　　**이메일** publish@mk.co.kr

인쇄·제본 (주)M-print　031)8071-0961

ISBN 978-89-7442-513-5

값 12,000원